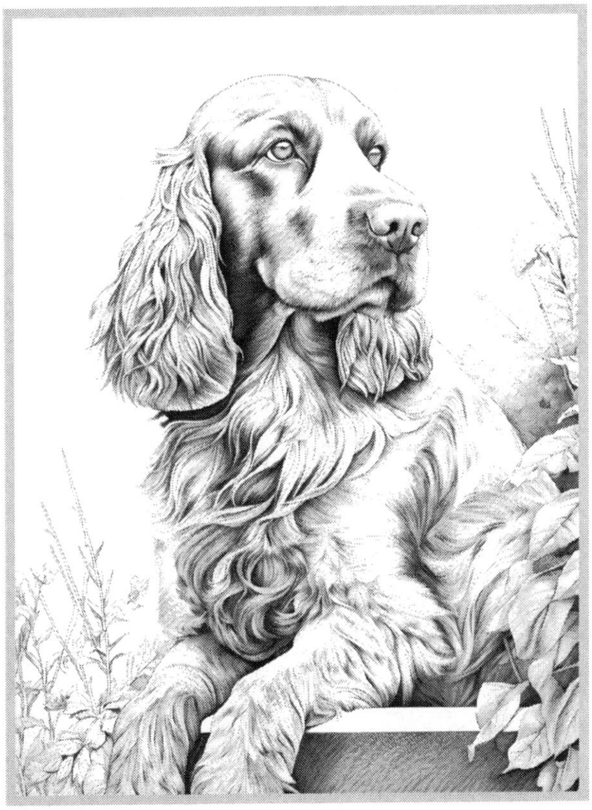

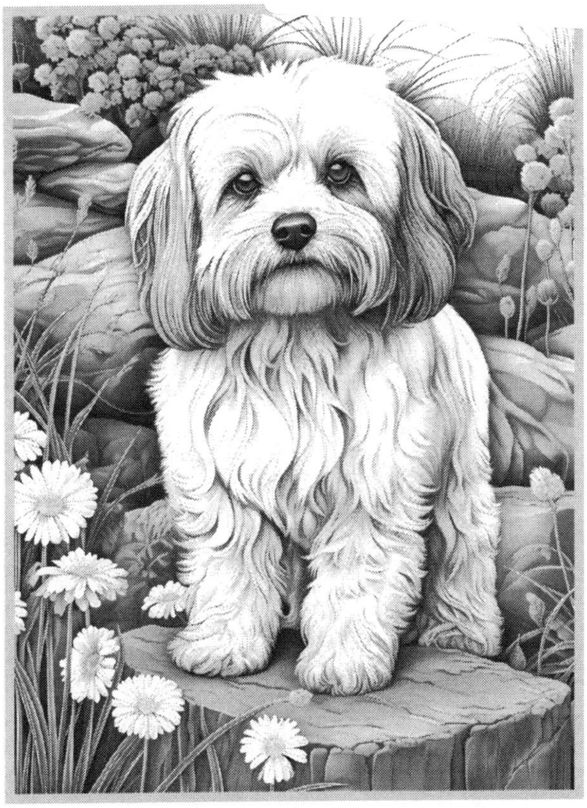

My DOG

Coloring Book For Adults

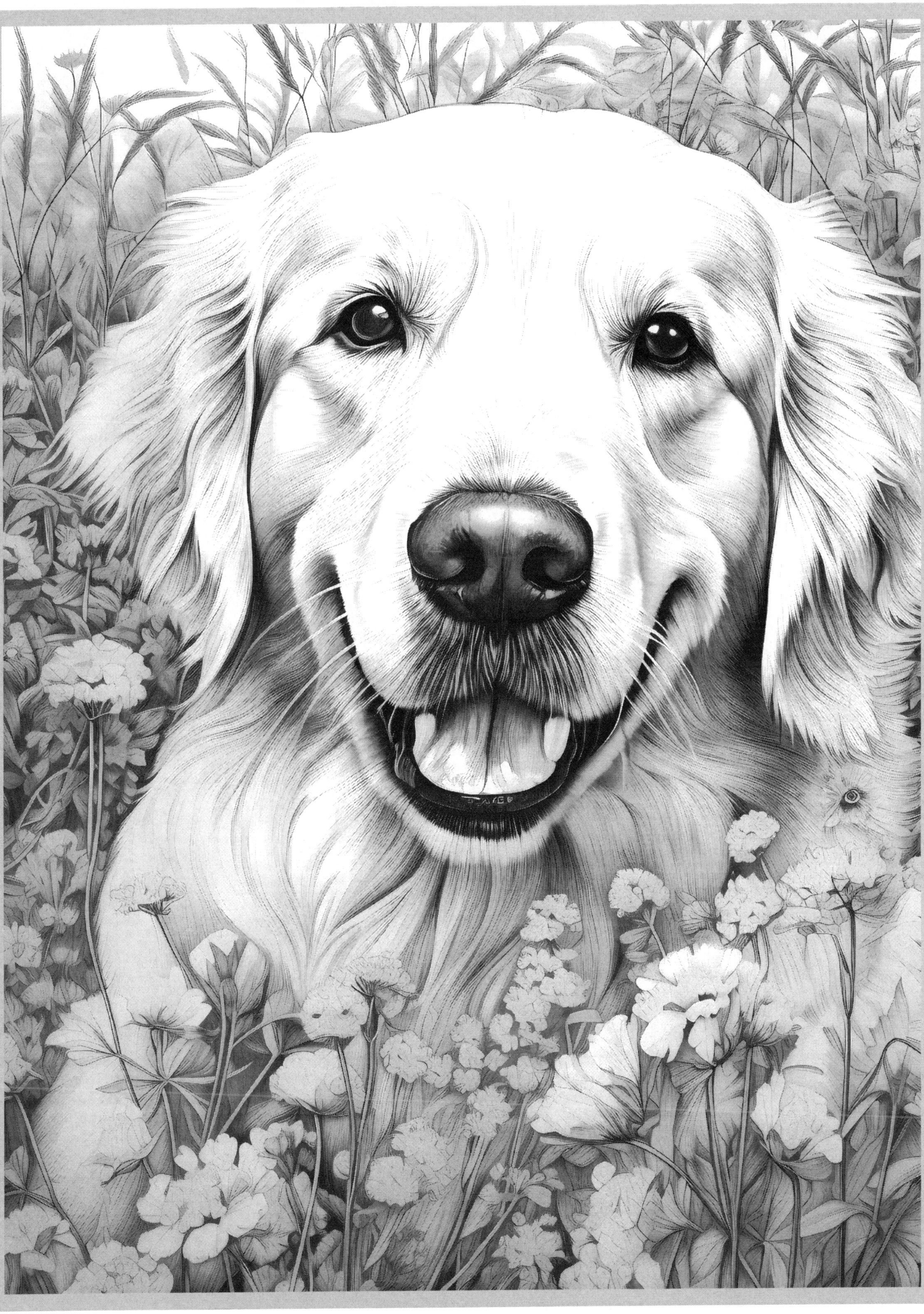

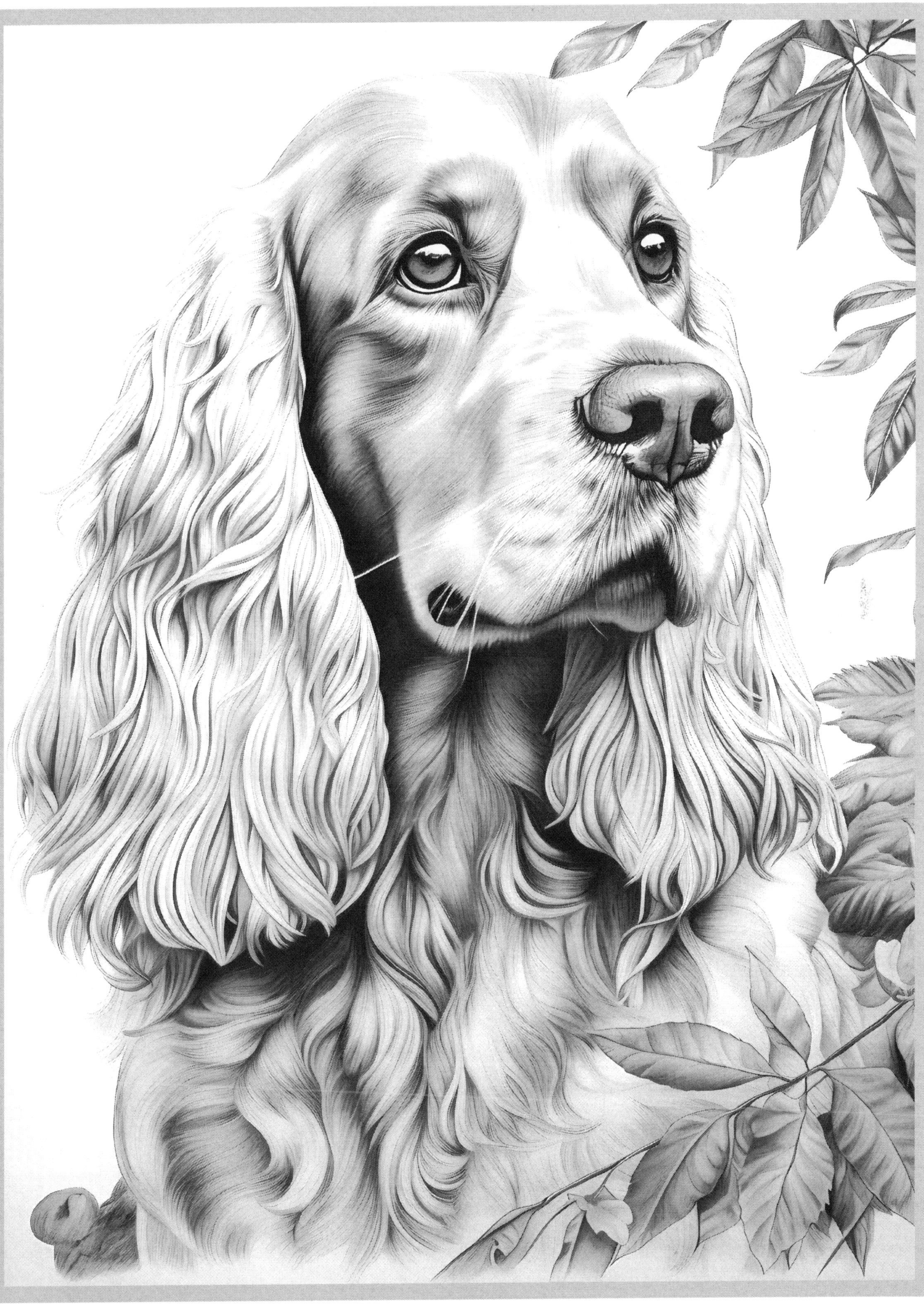

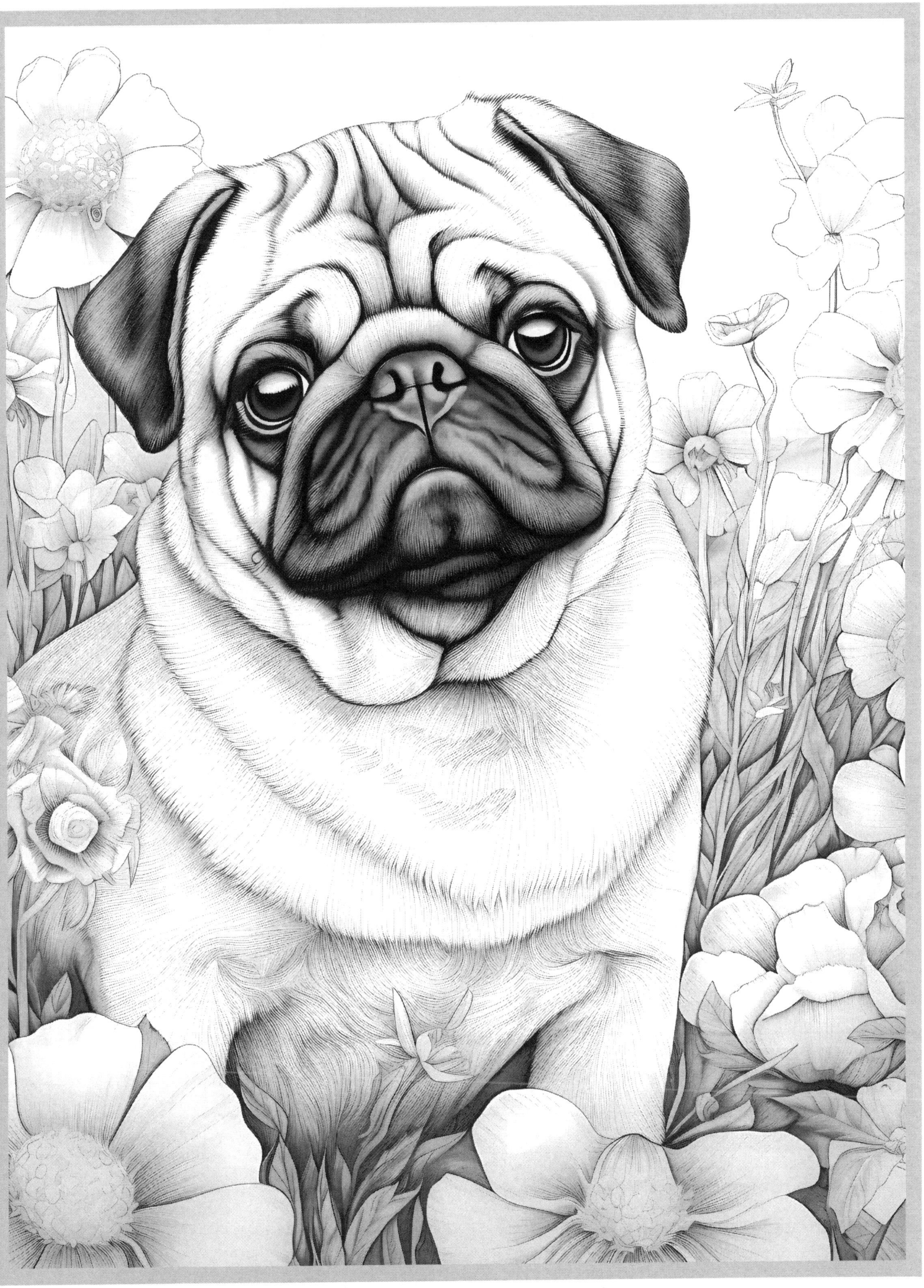

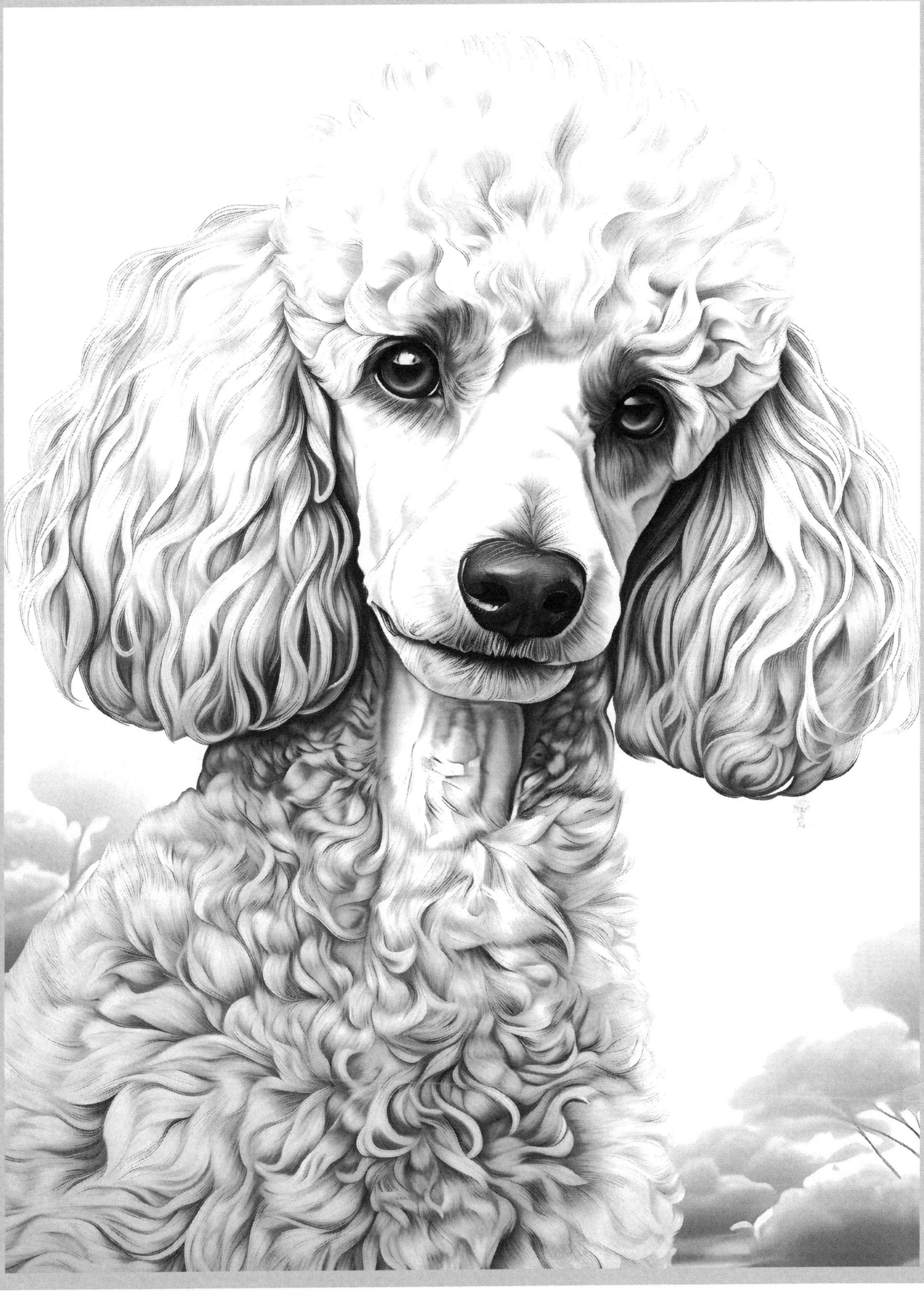

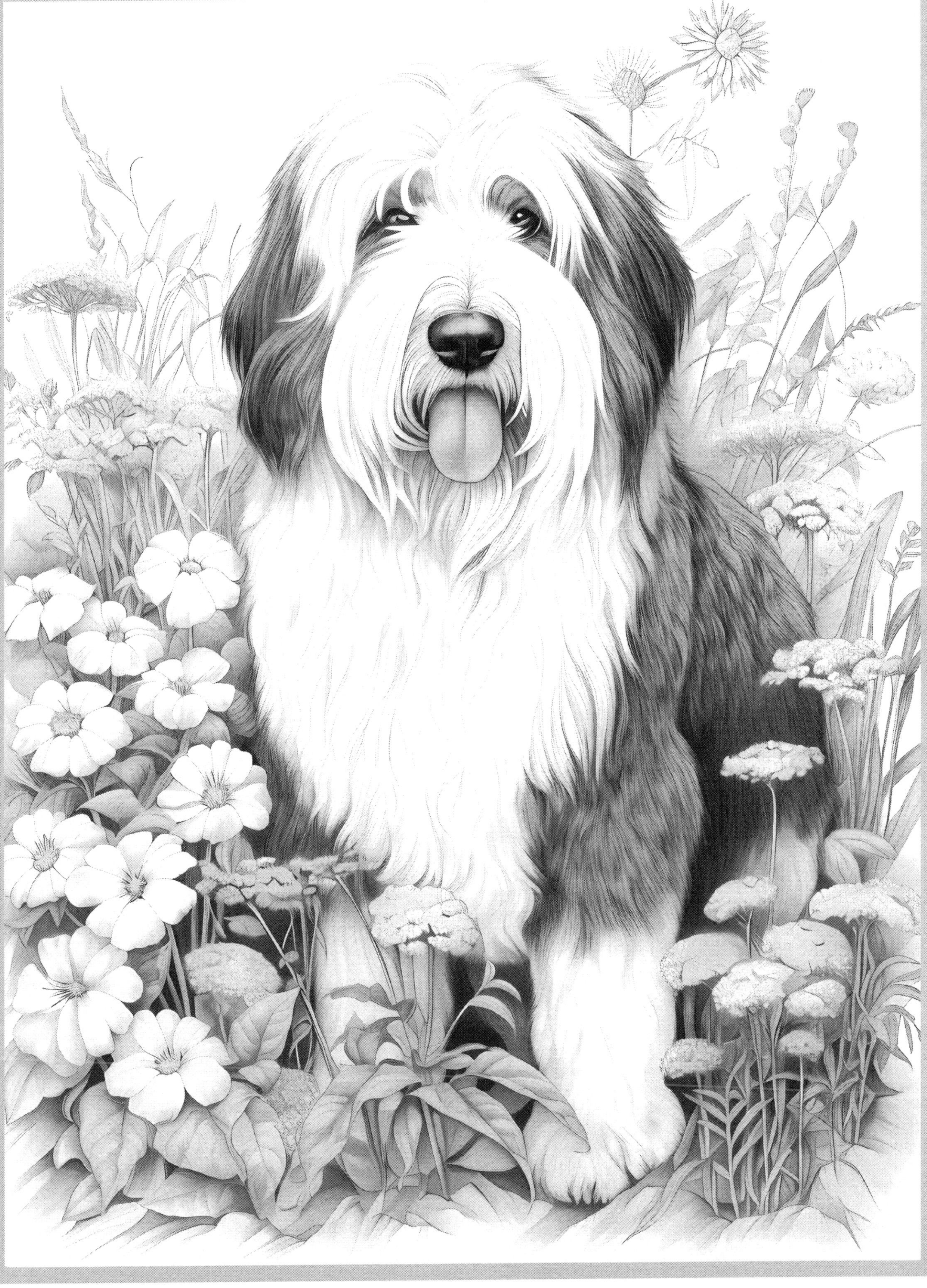

[redacted]

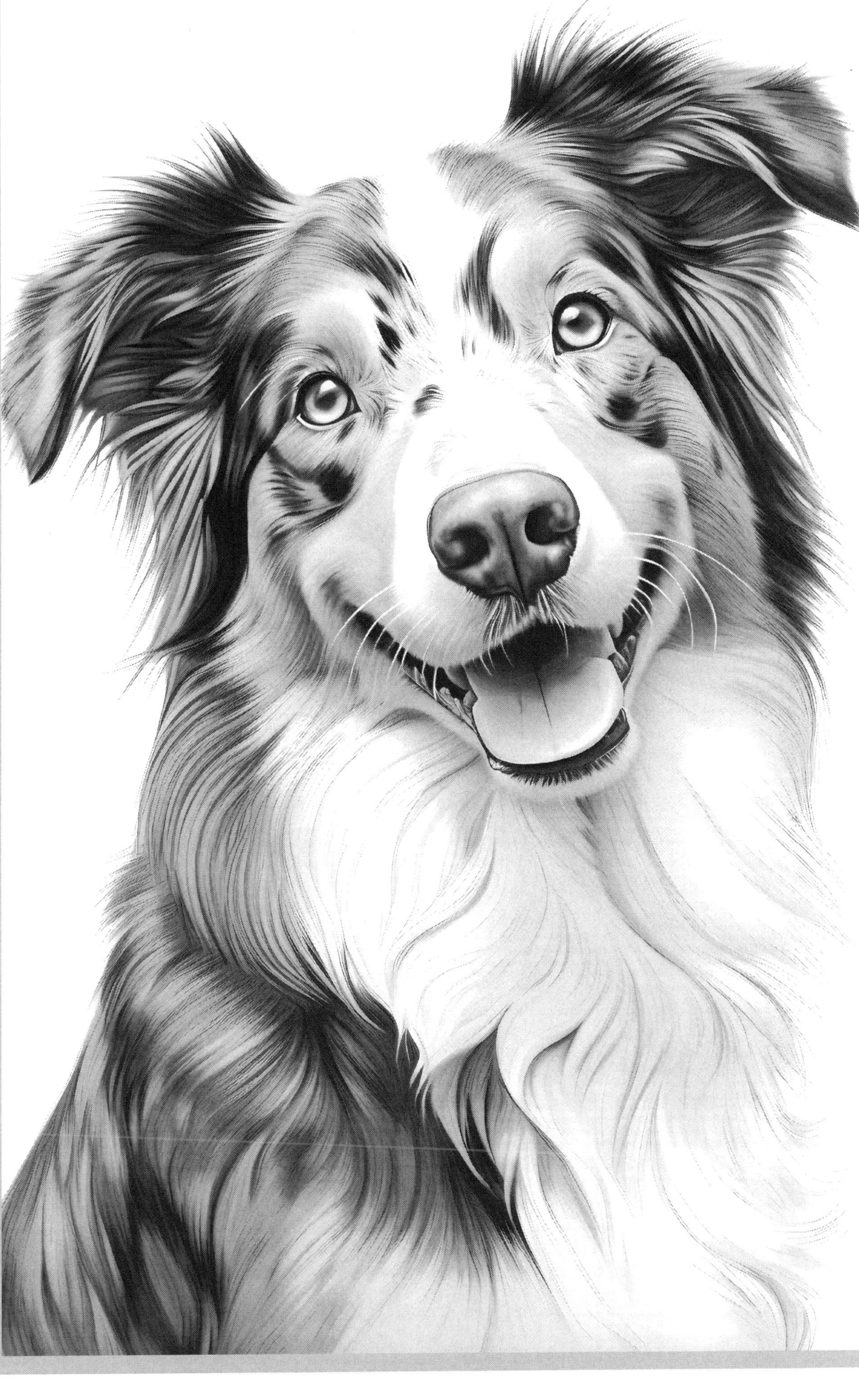

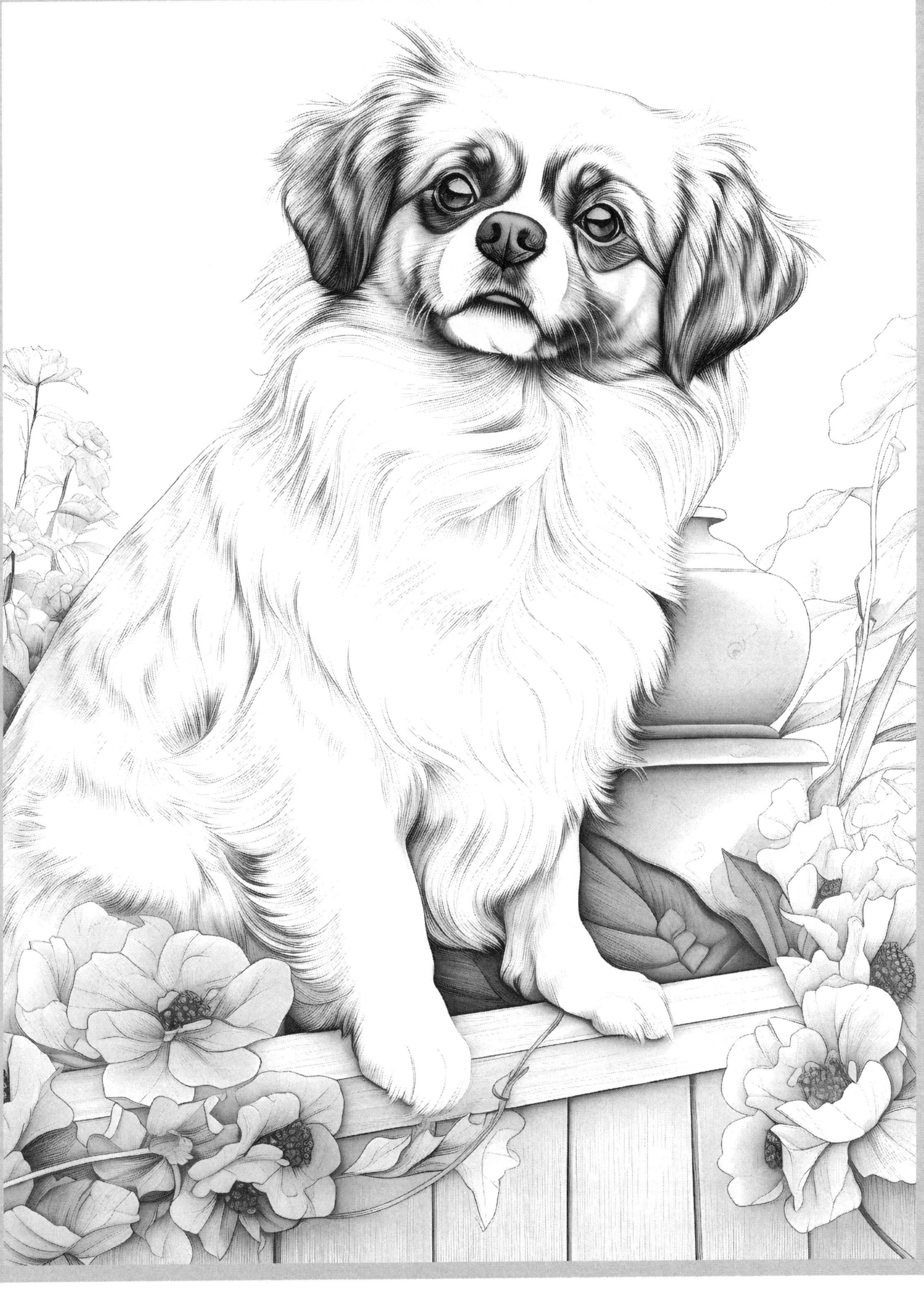

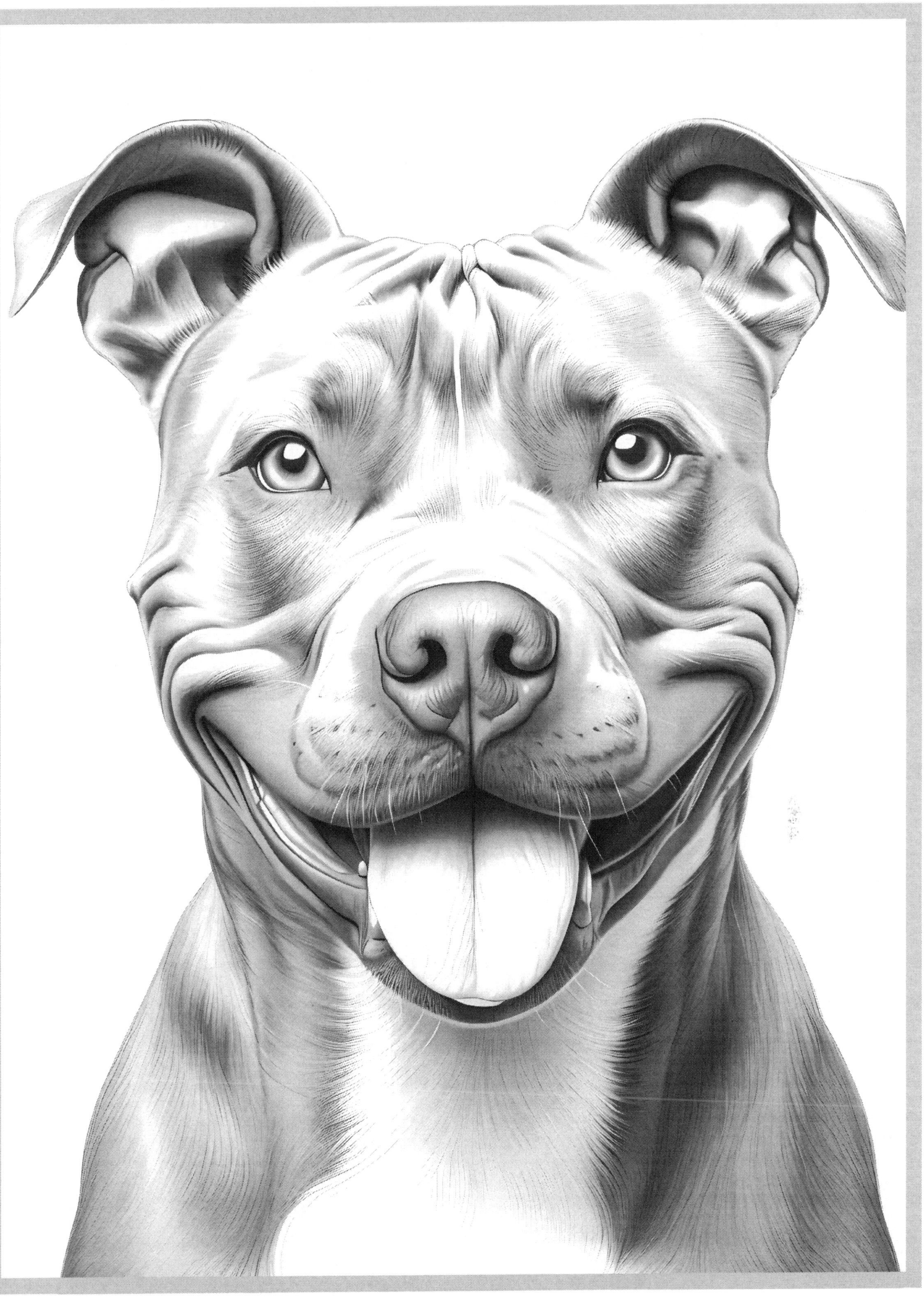

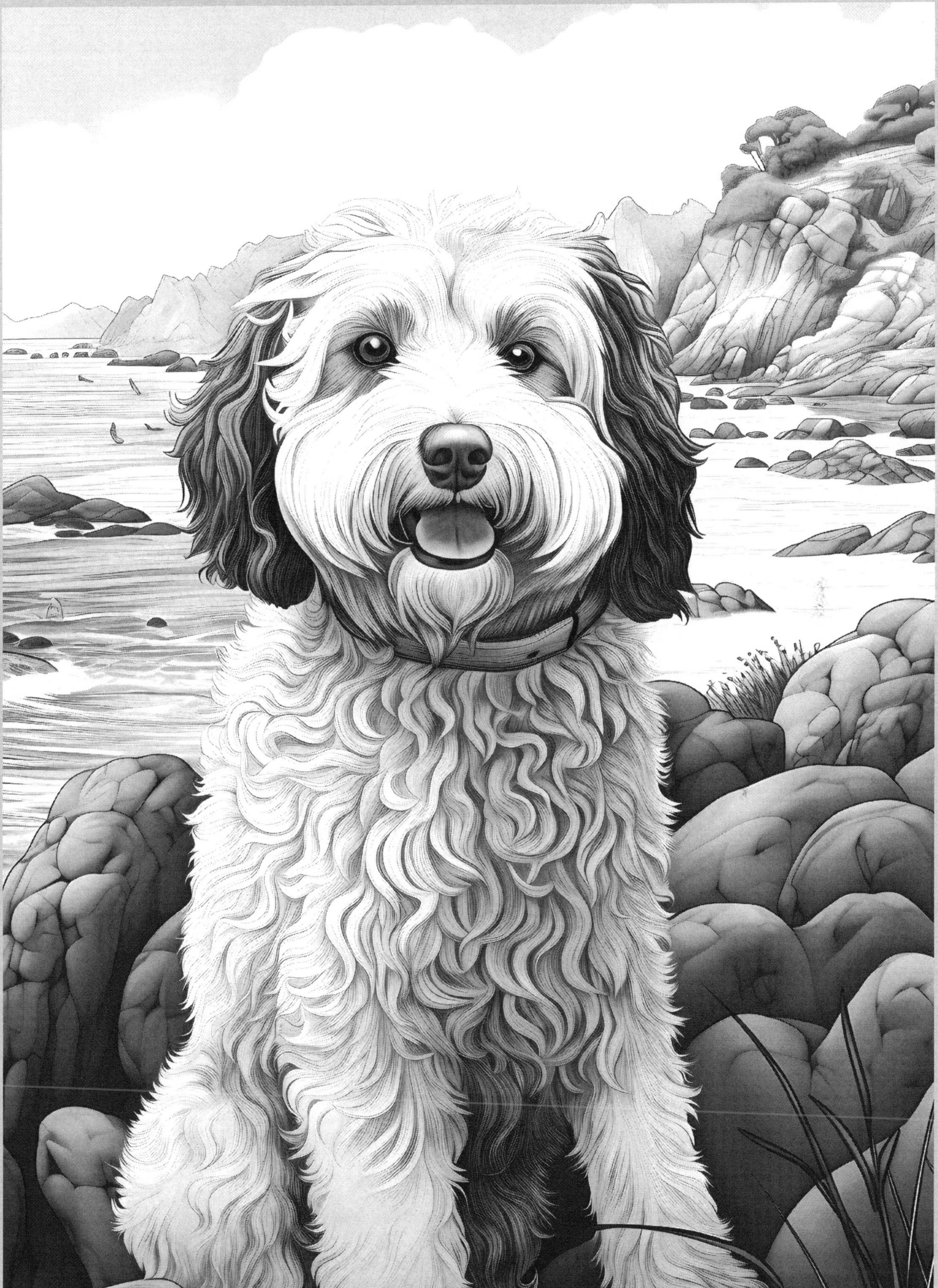

[redacted]

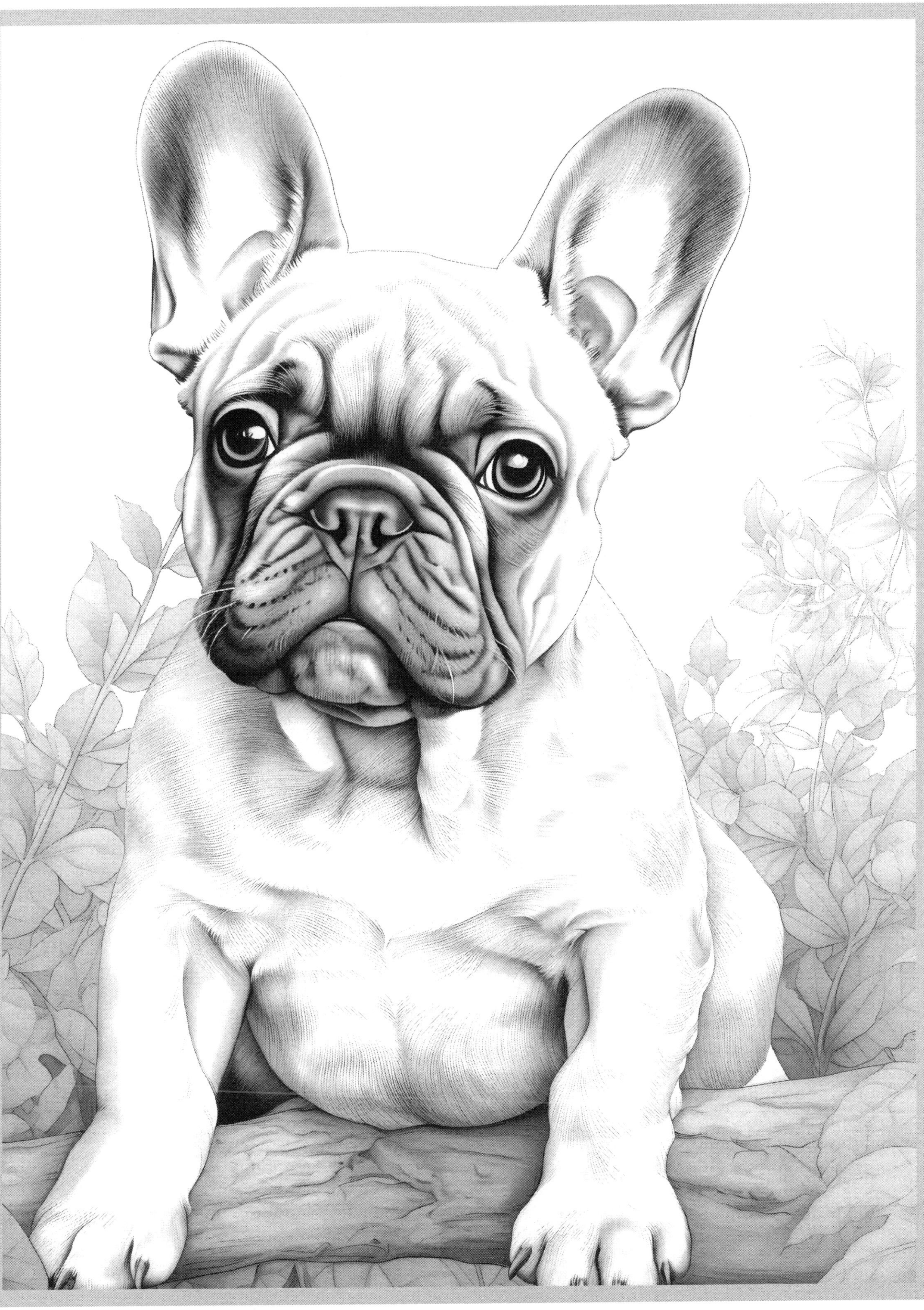

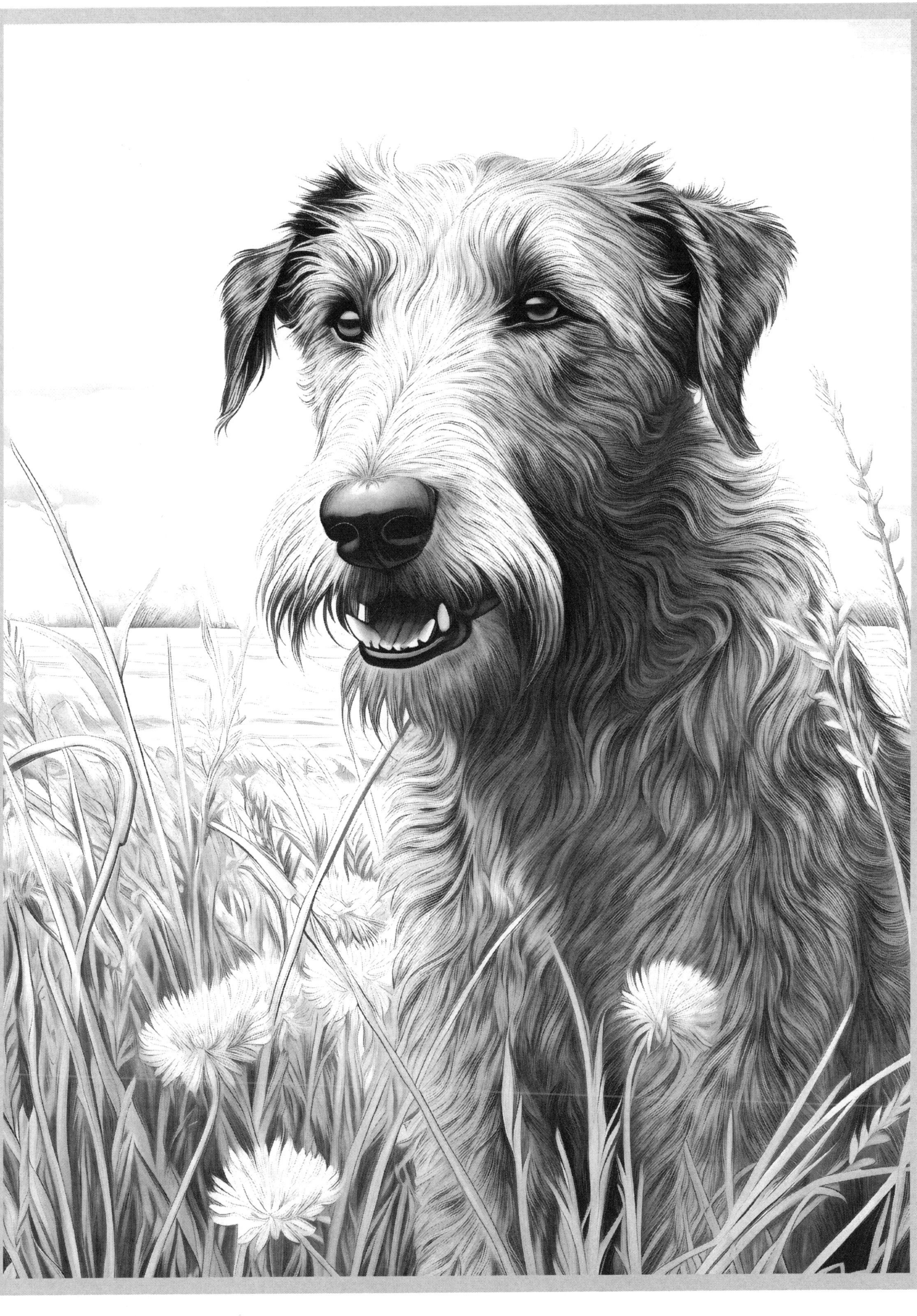

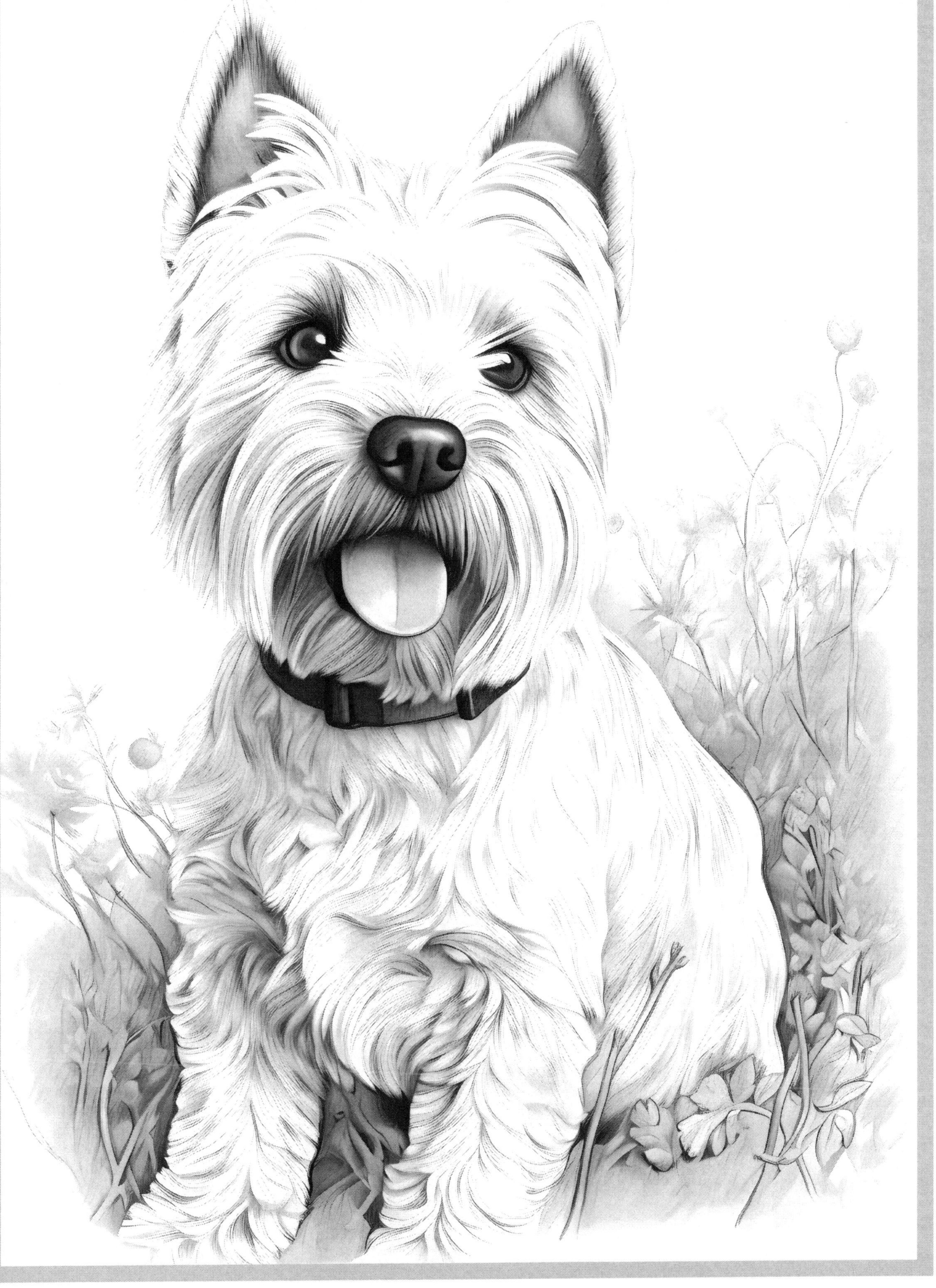

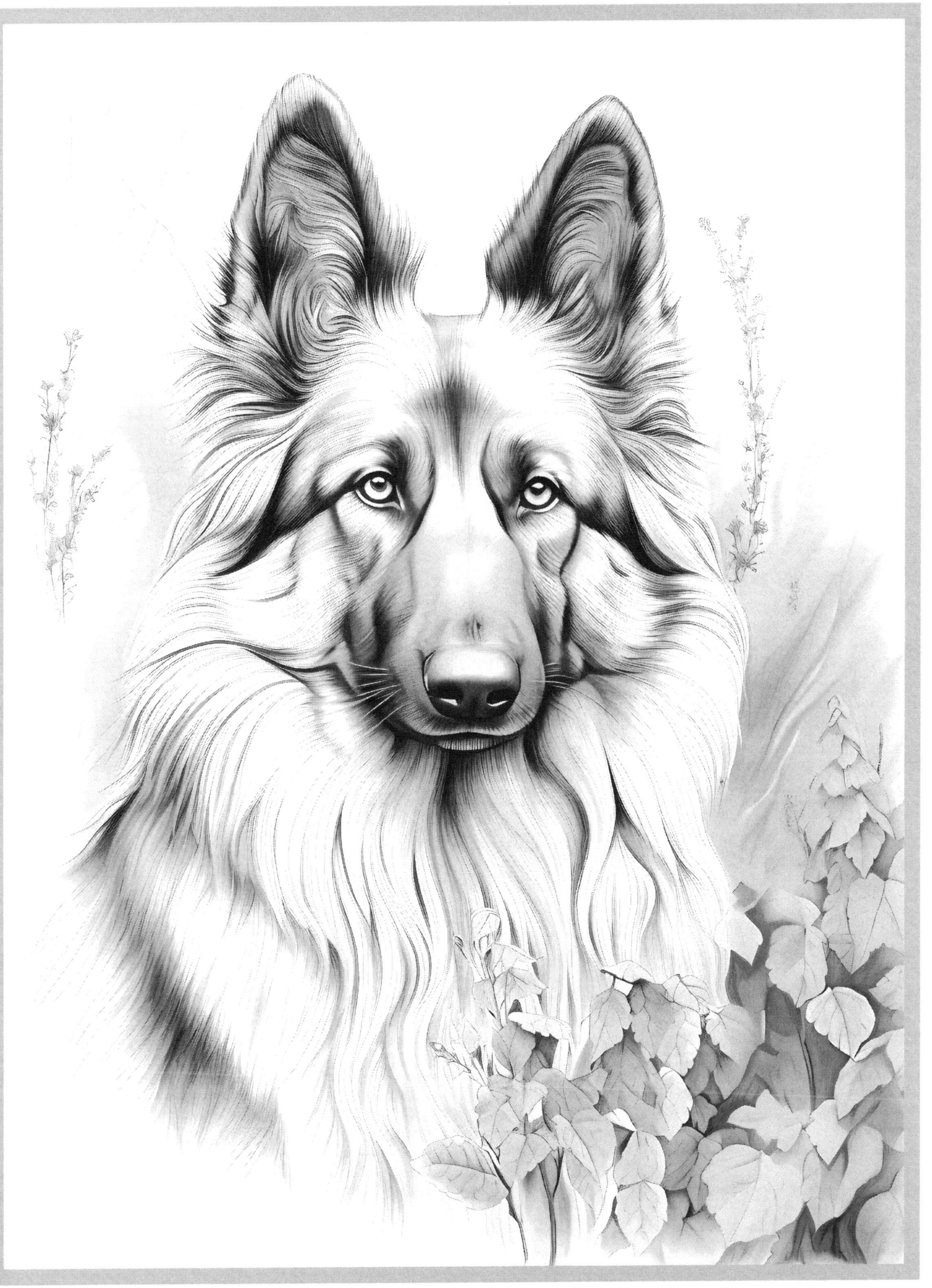

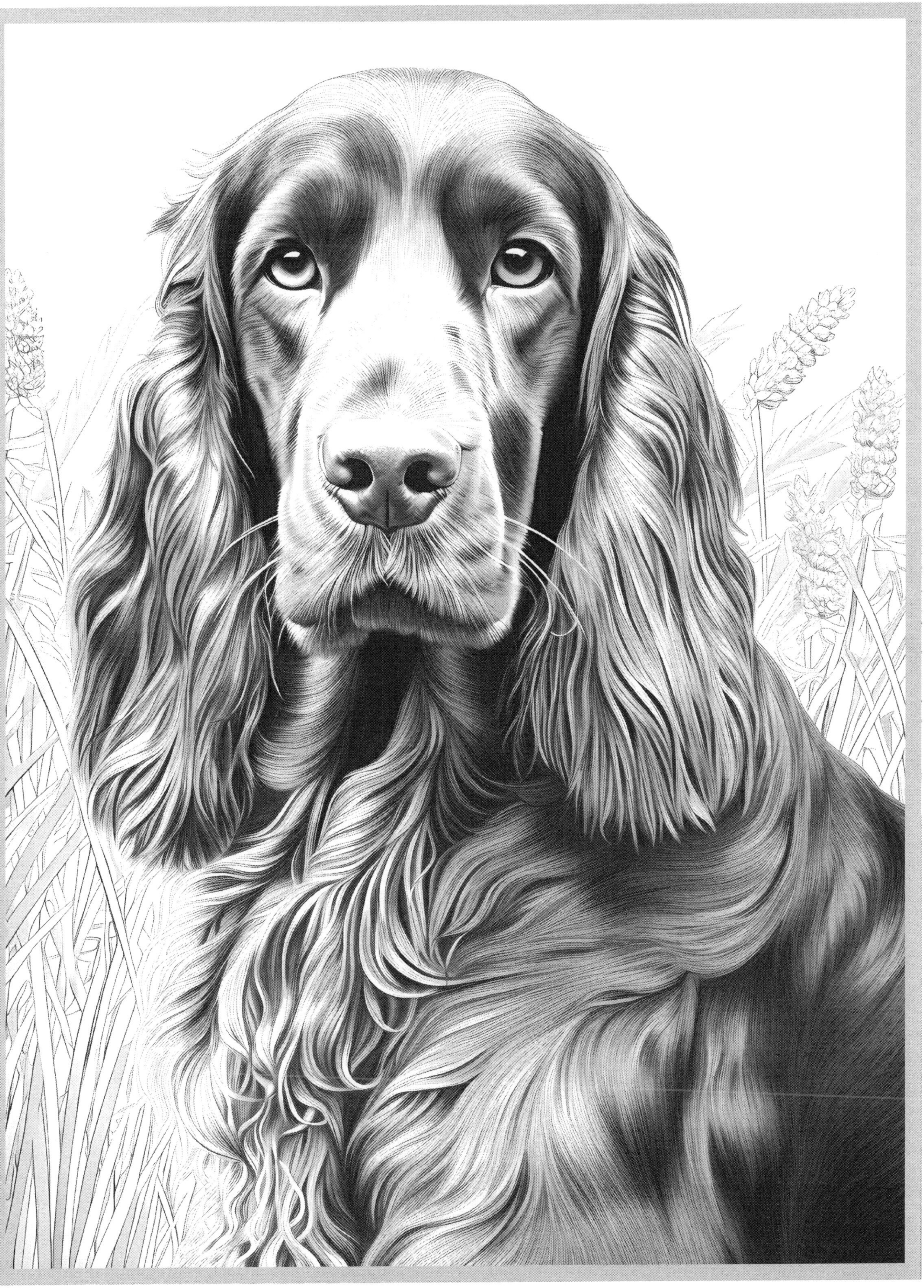

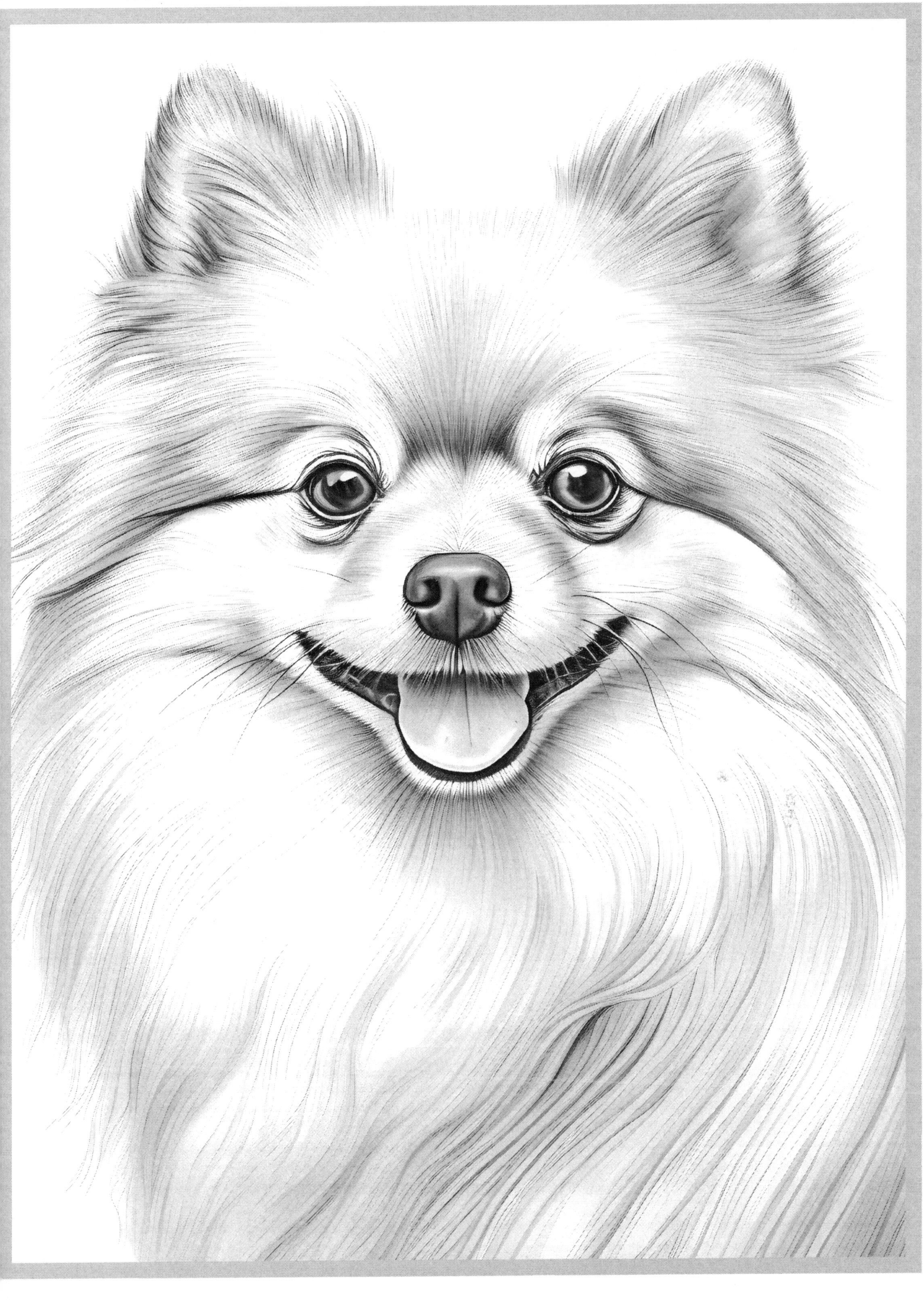

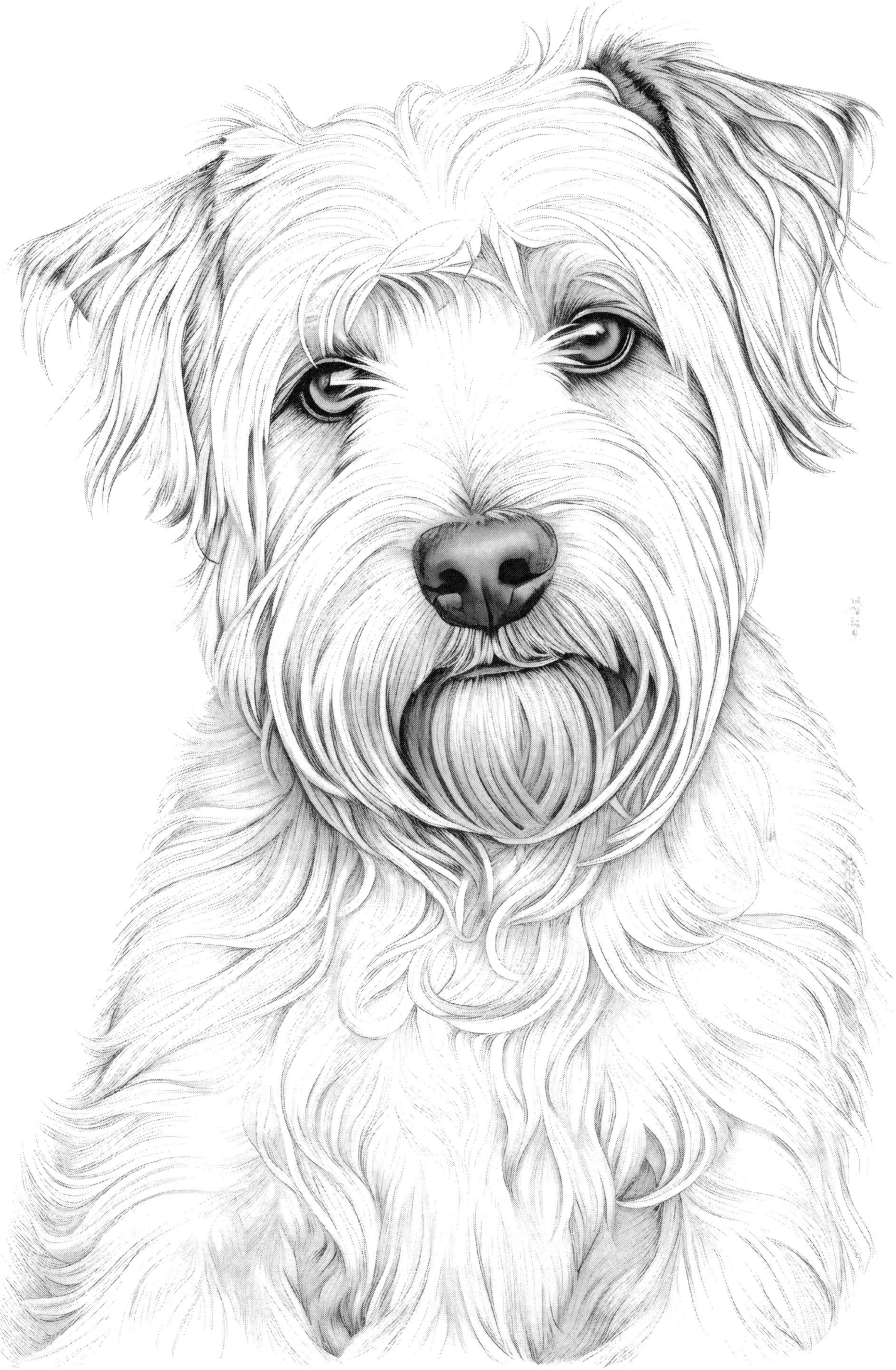

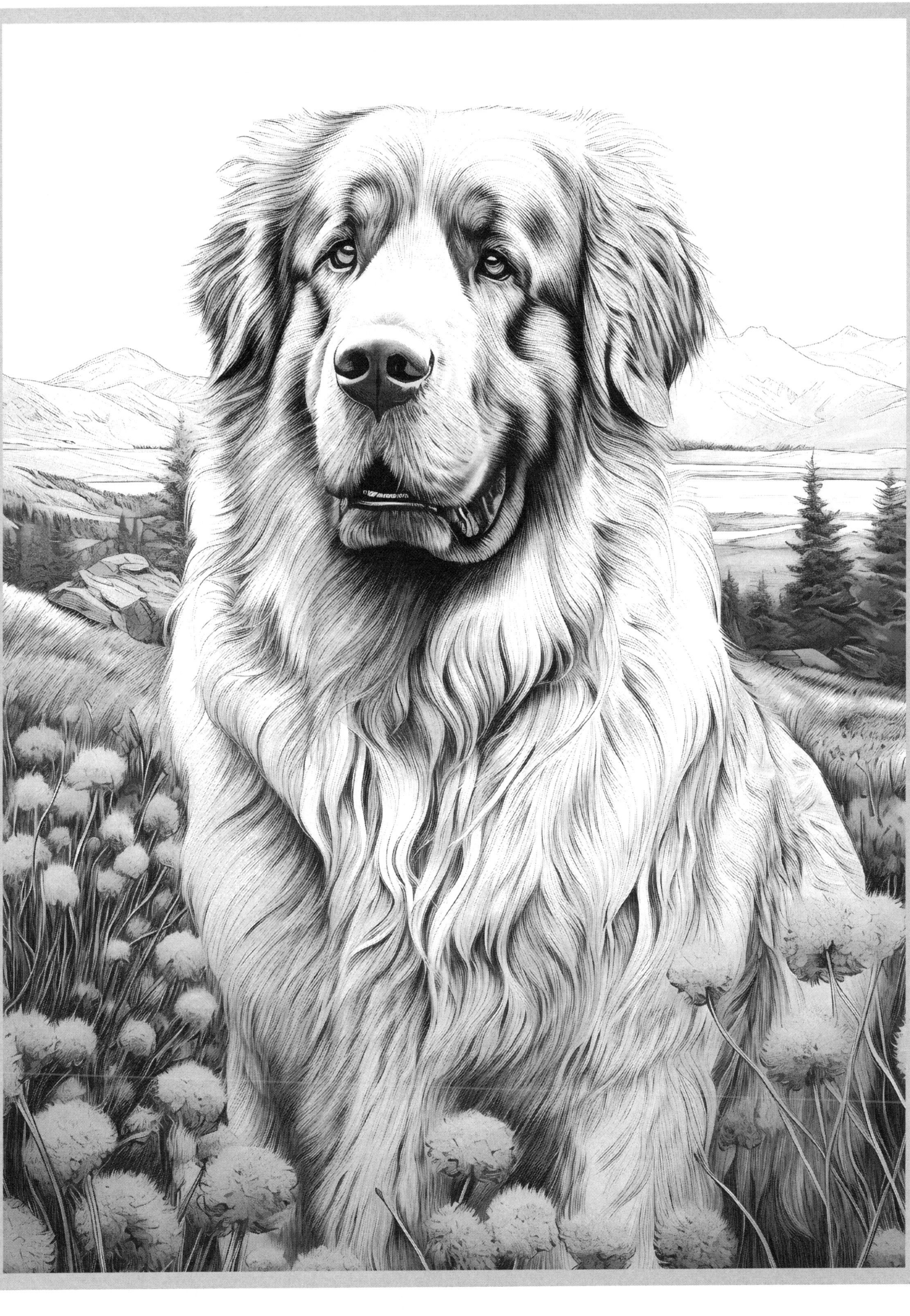

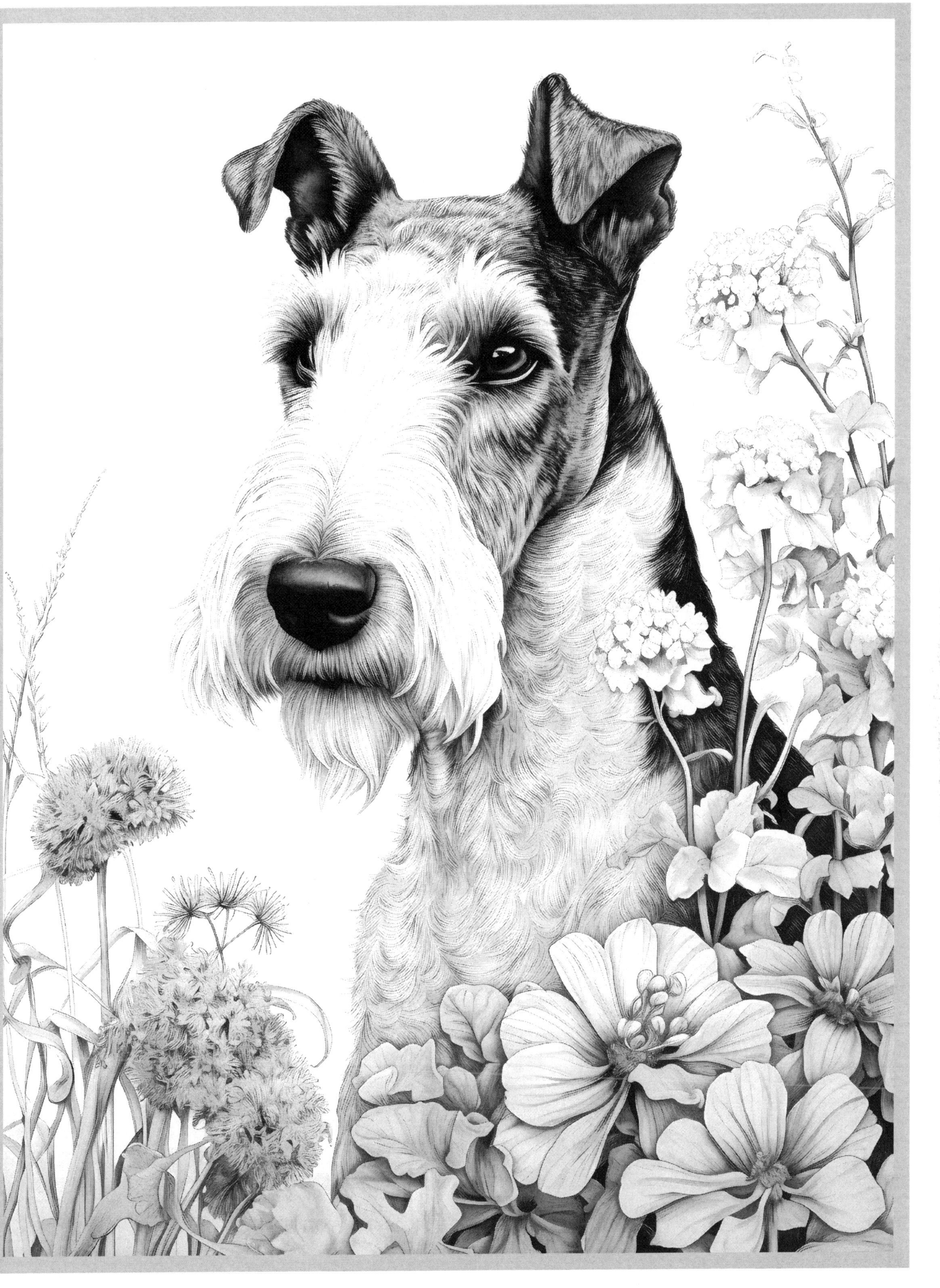

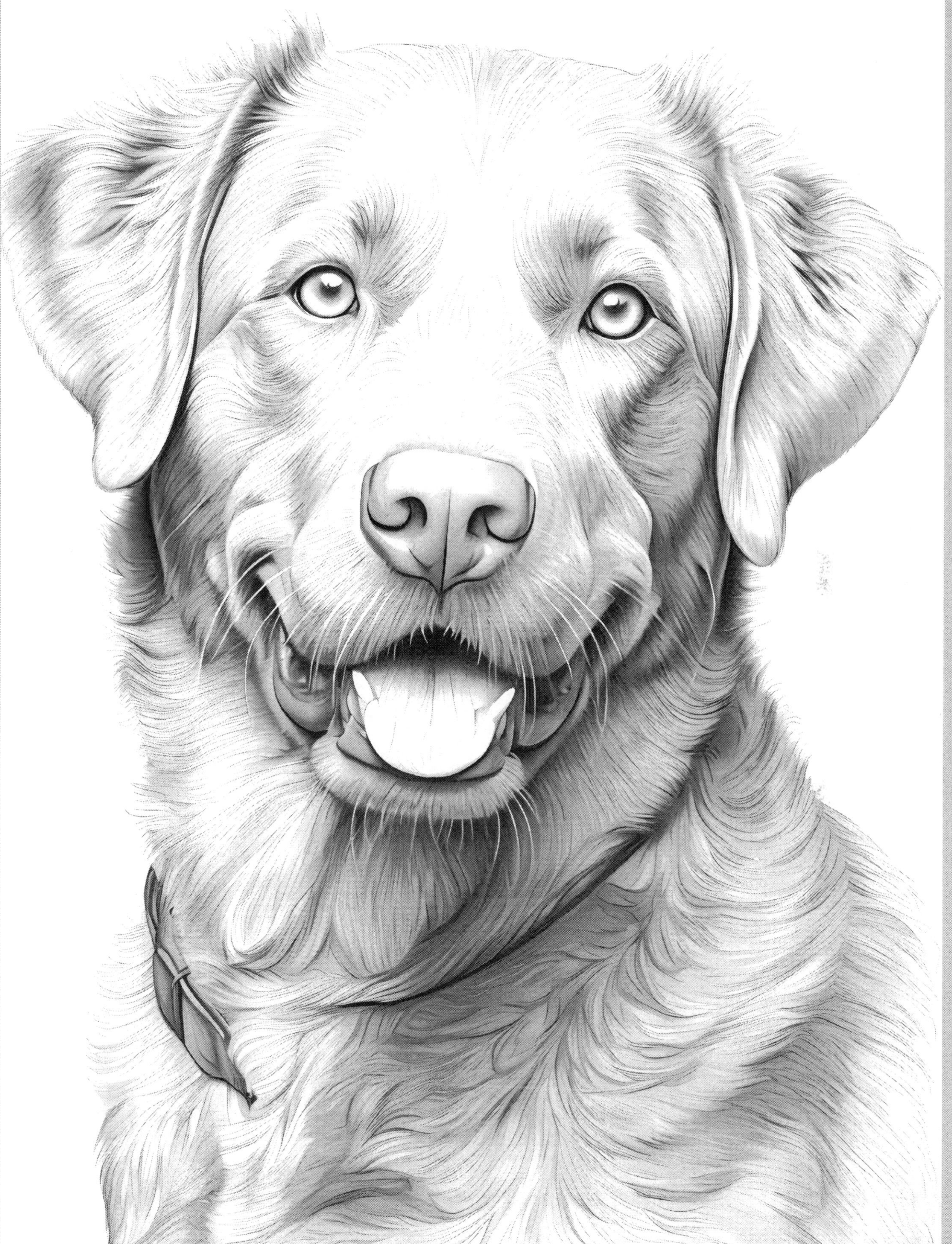

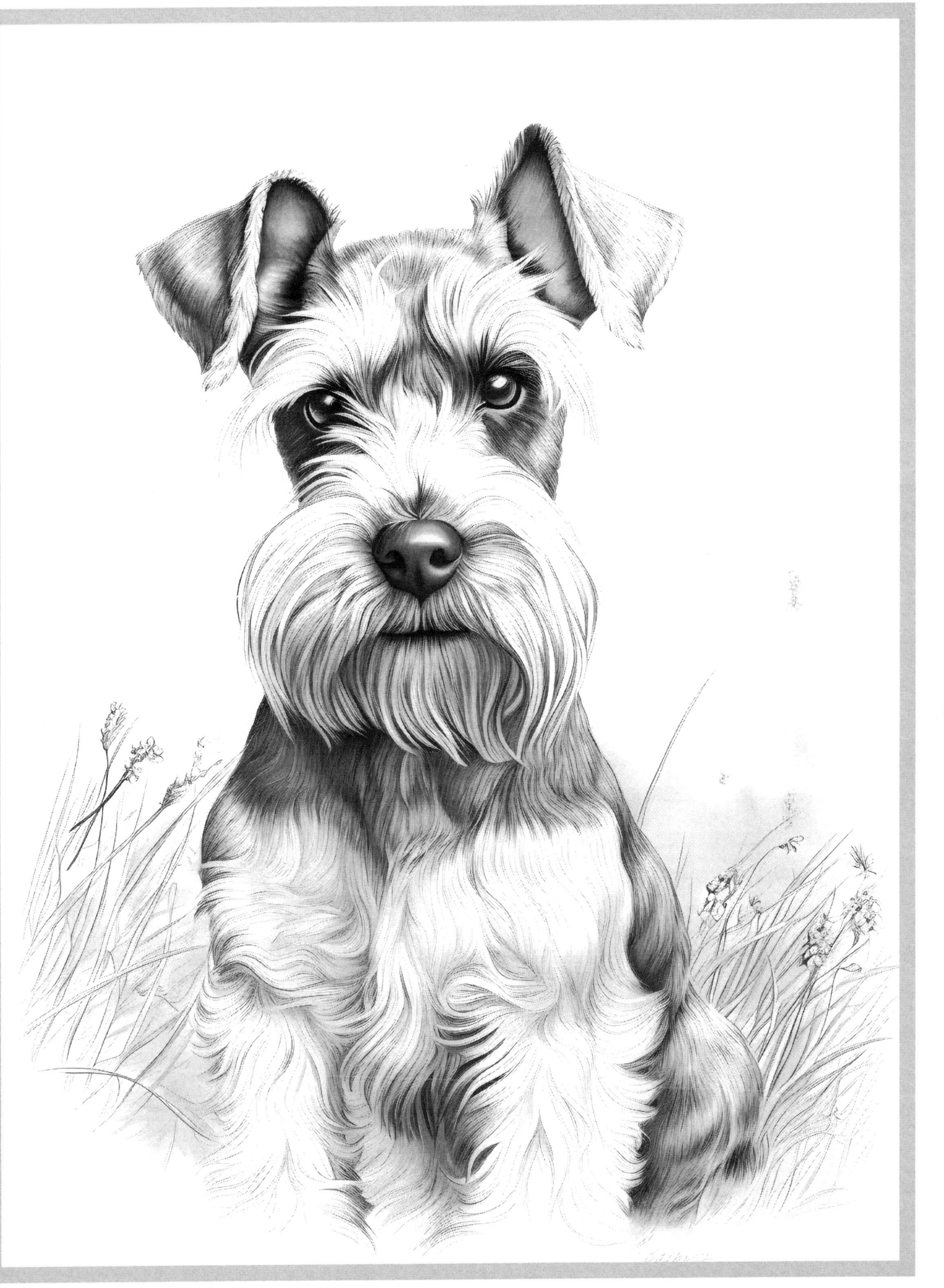

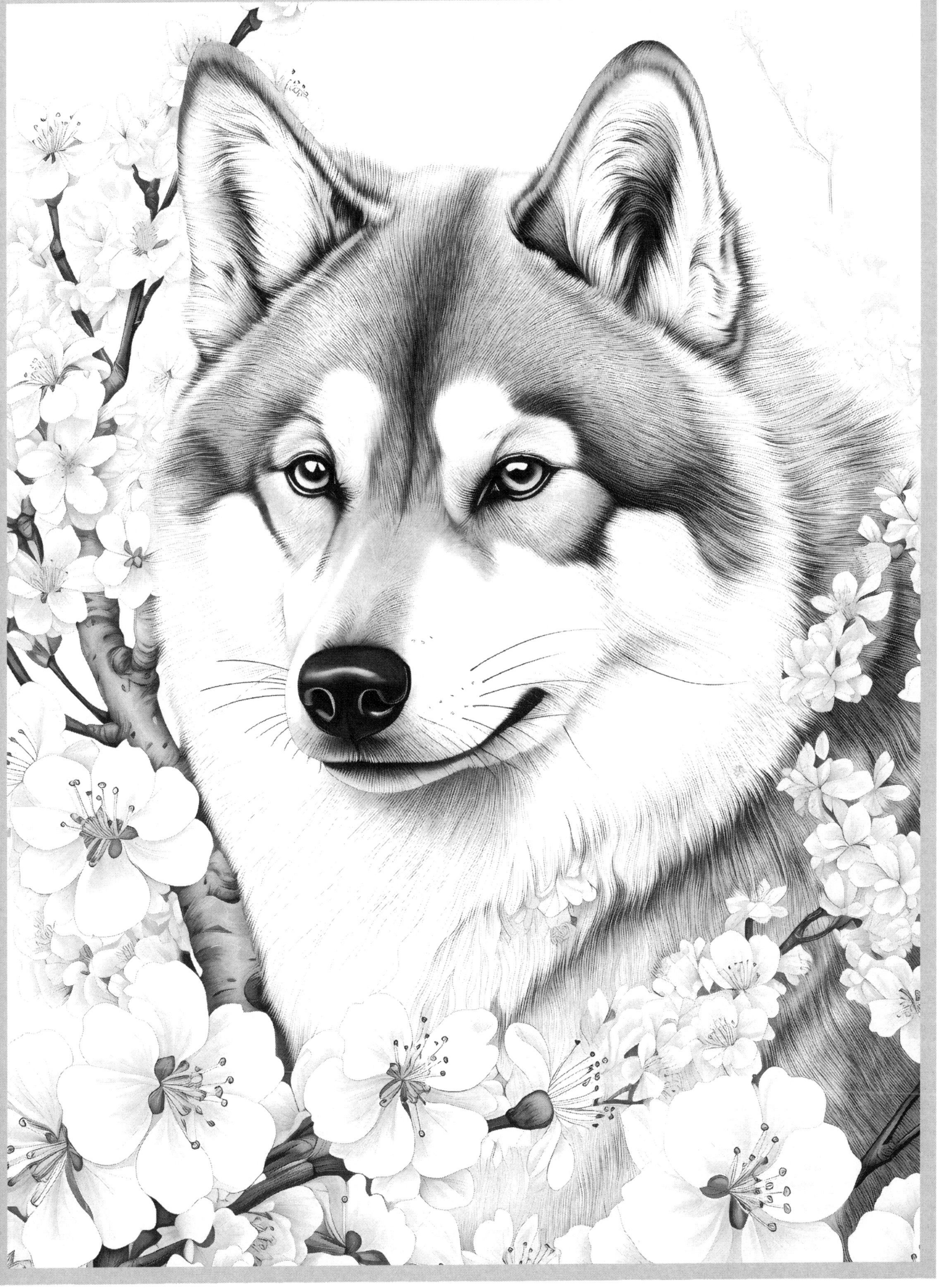

[redacted]

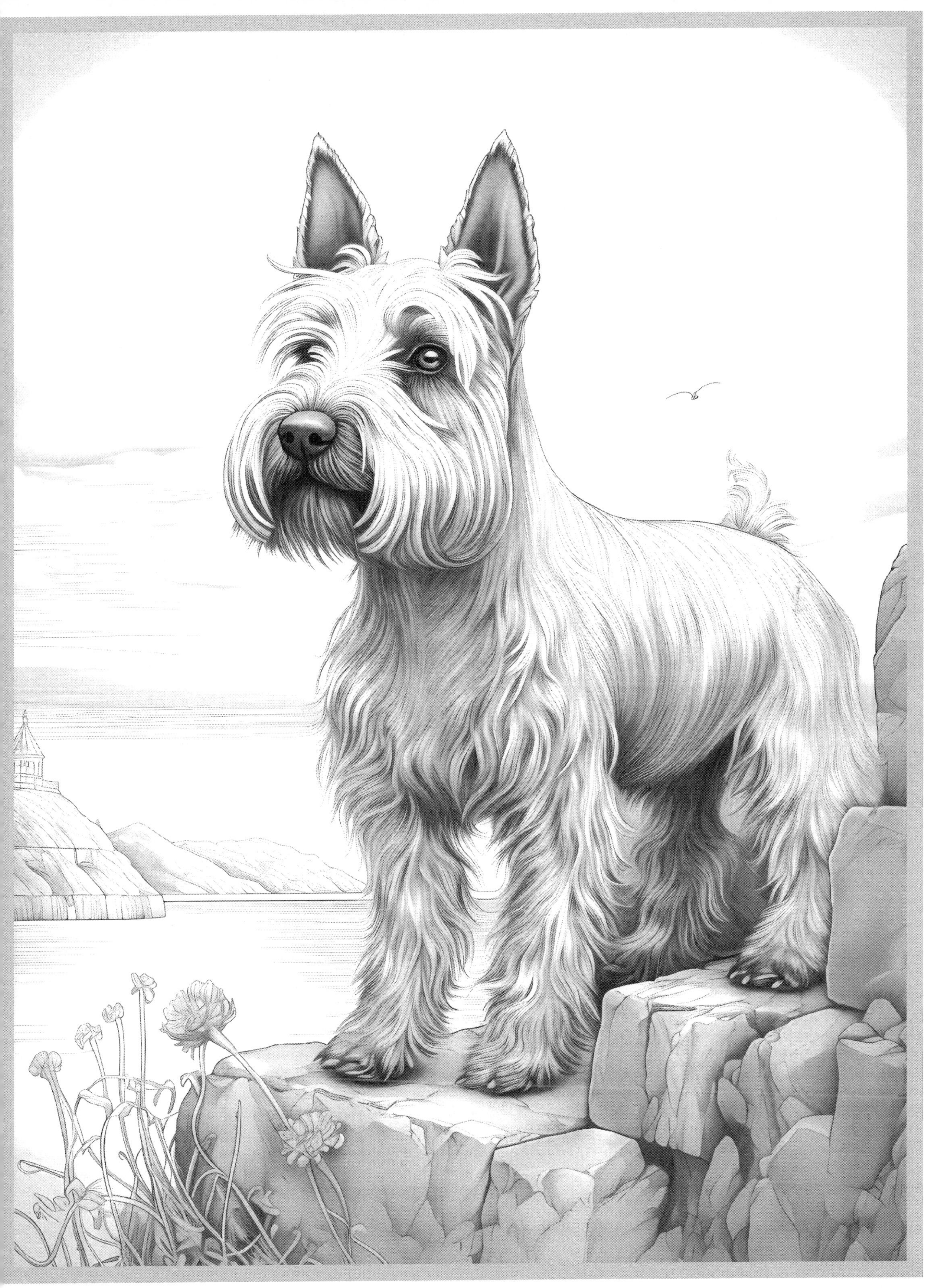

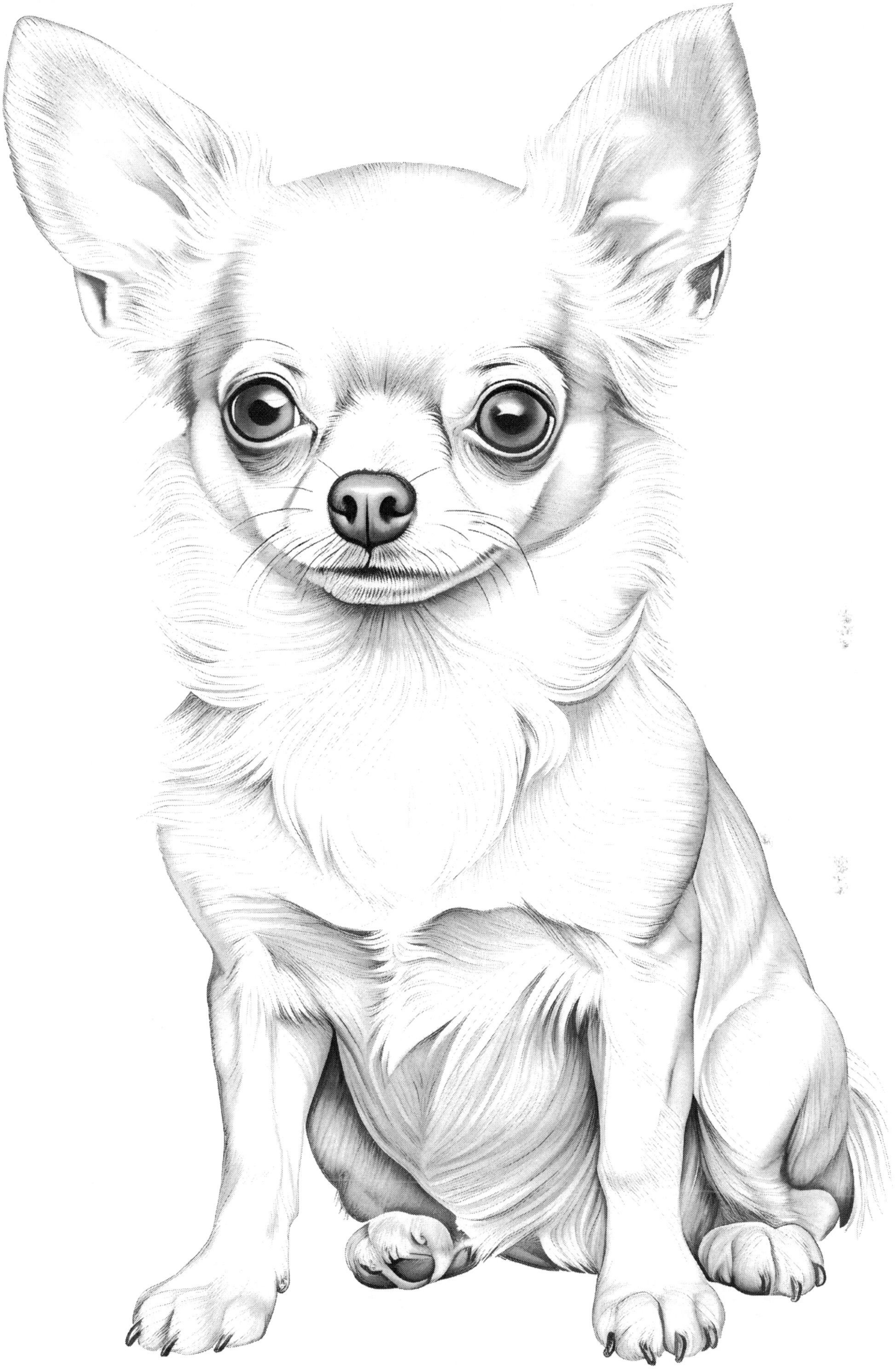

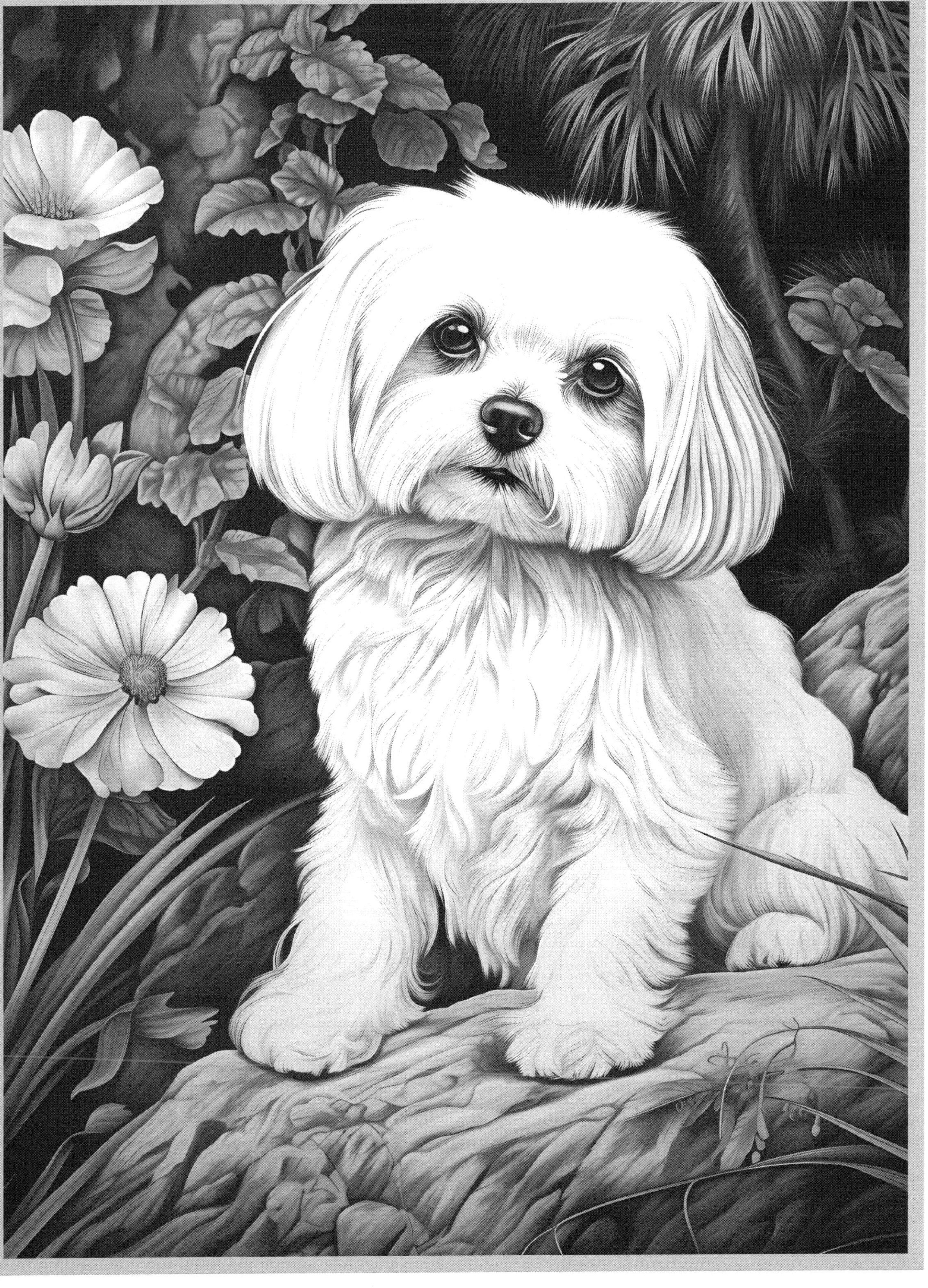

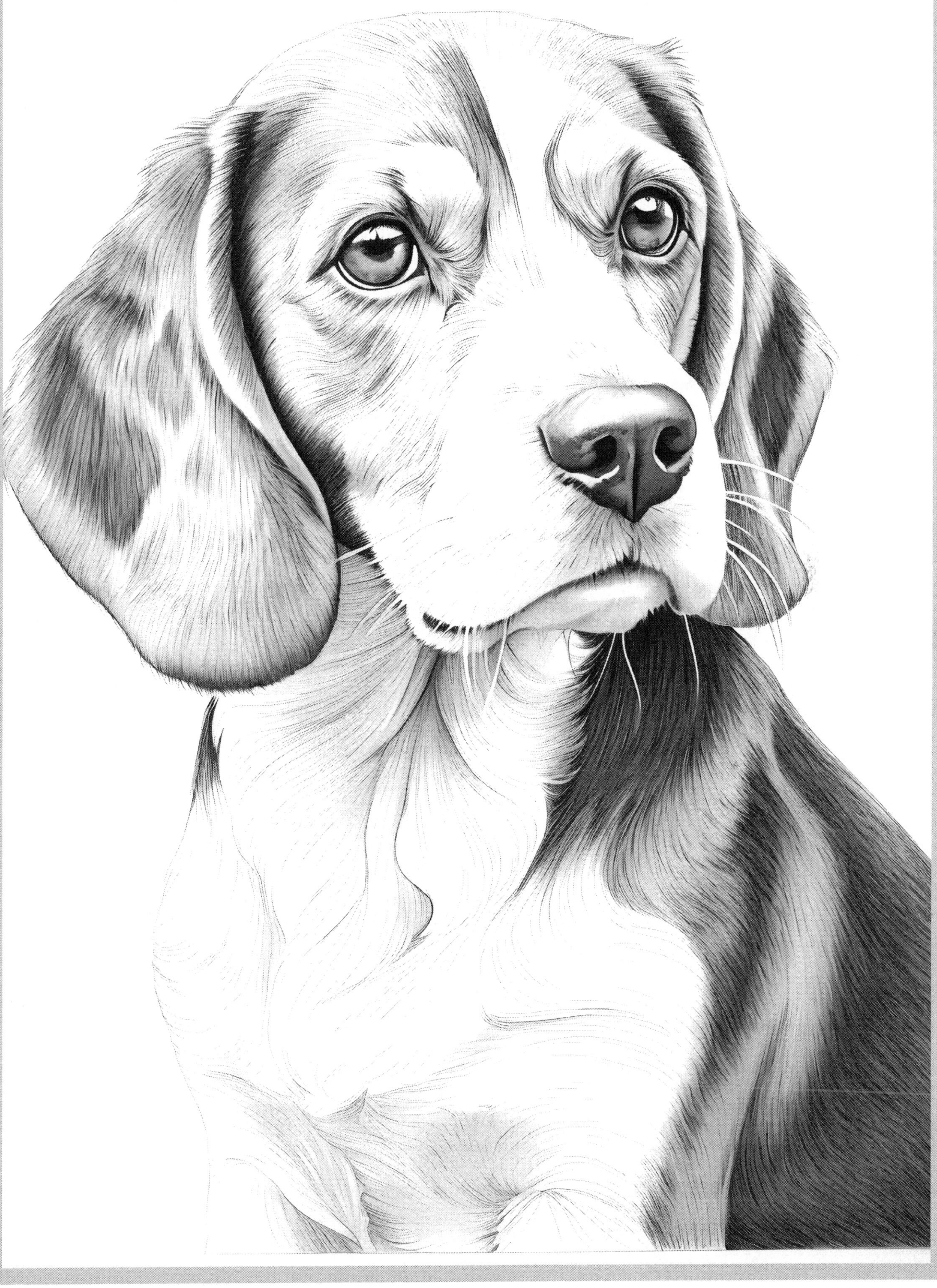

[redacted]

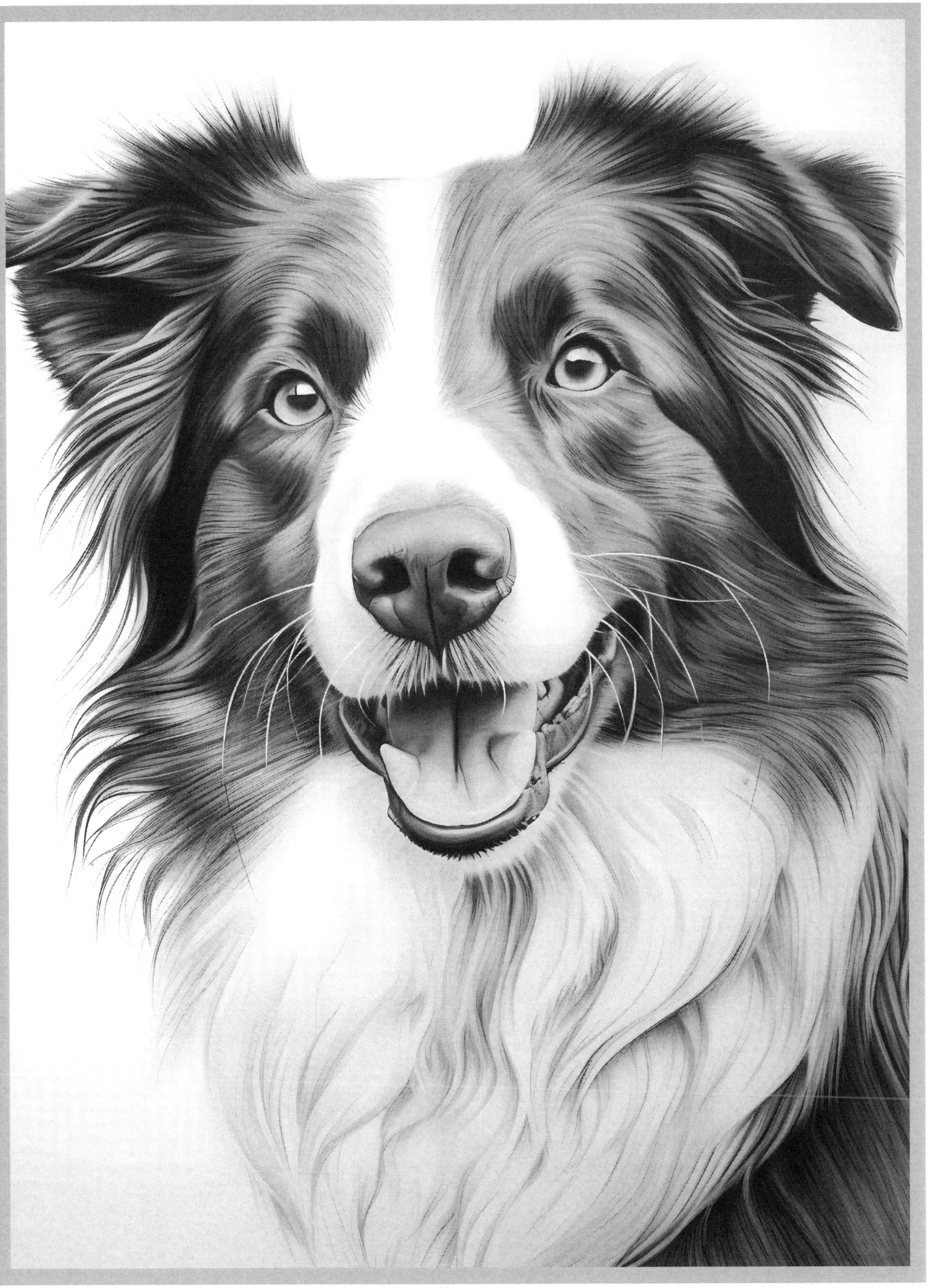

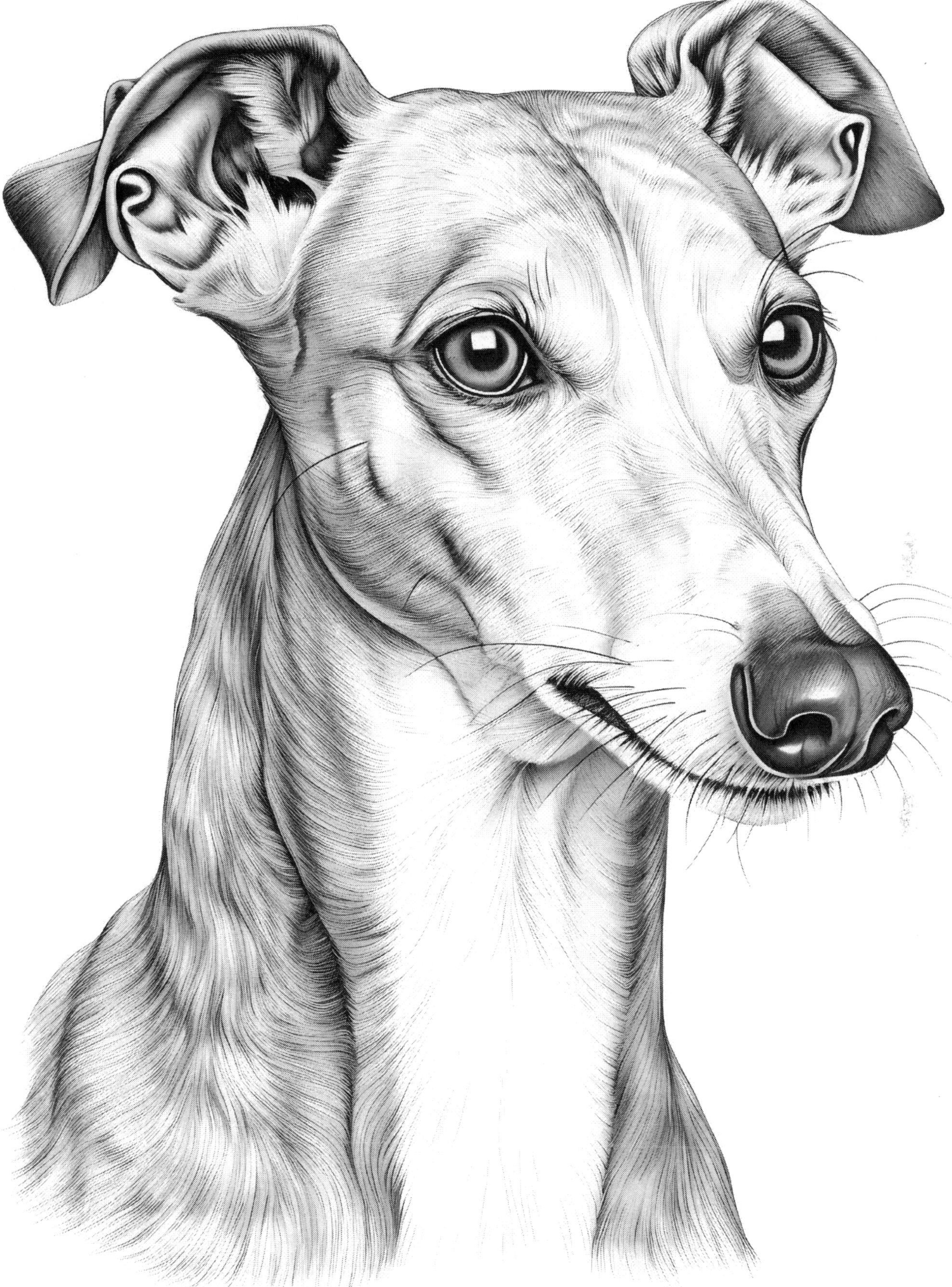

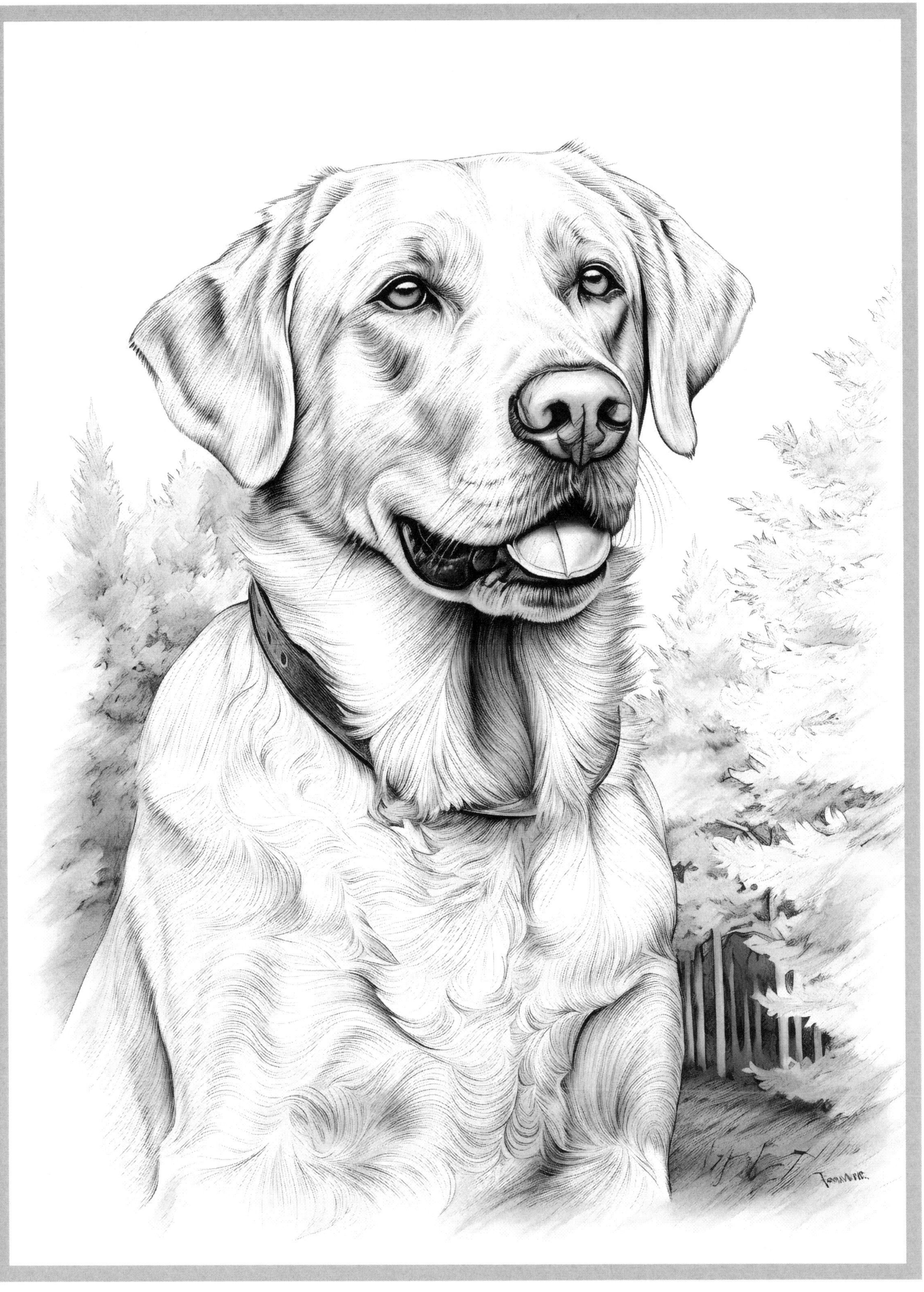

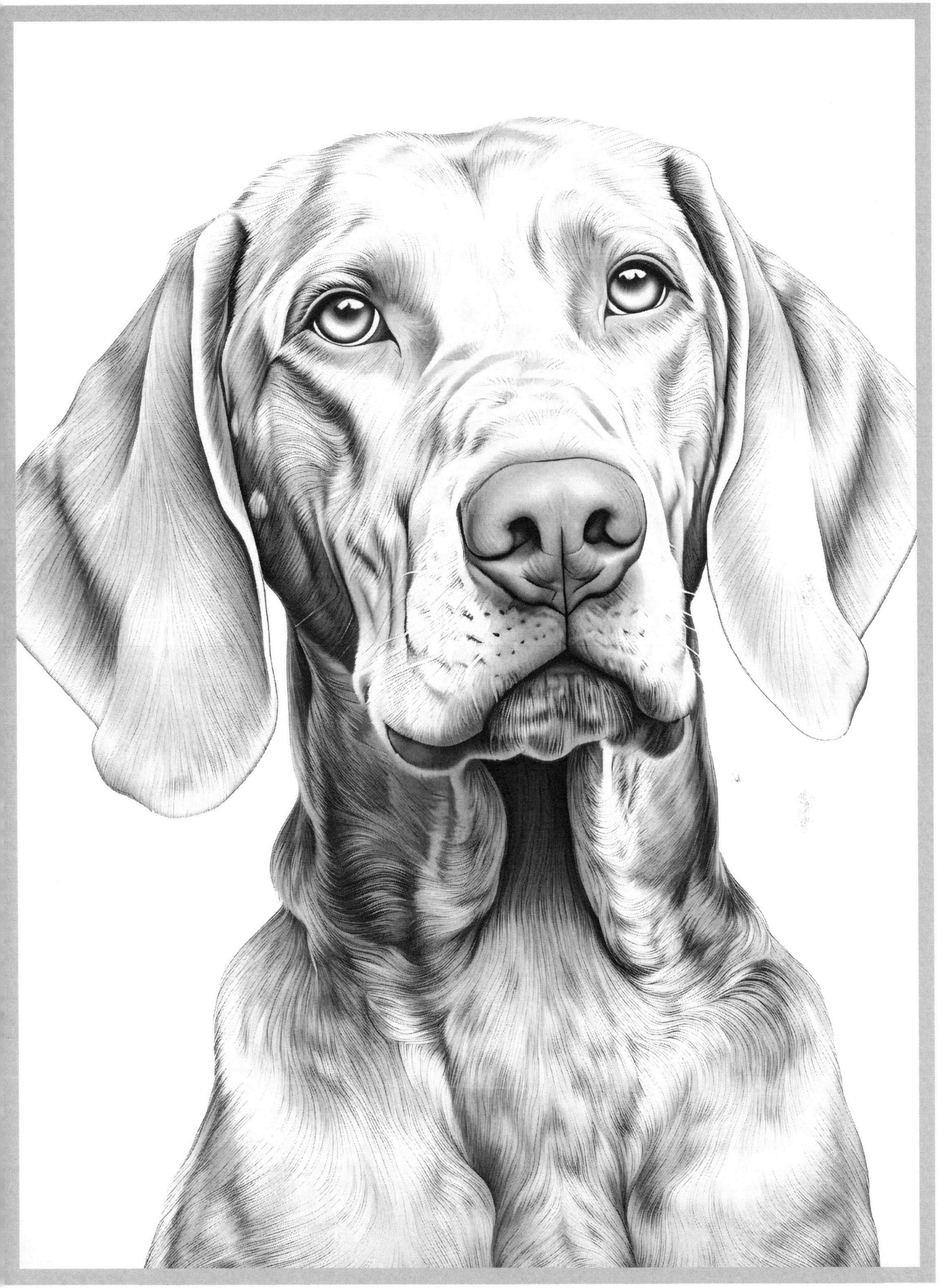

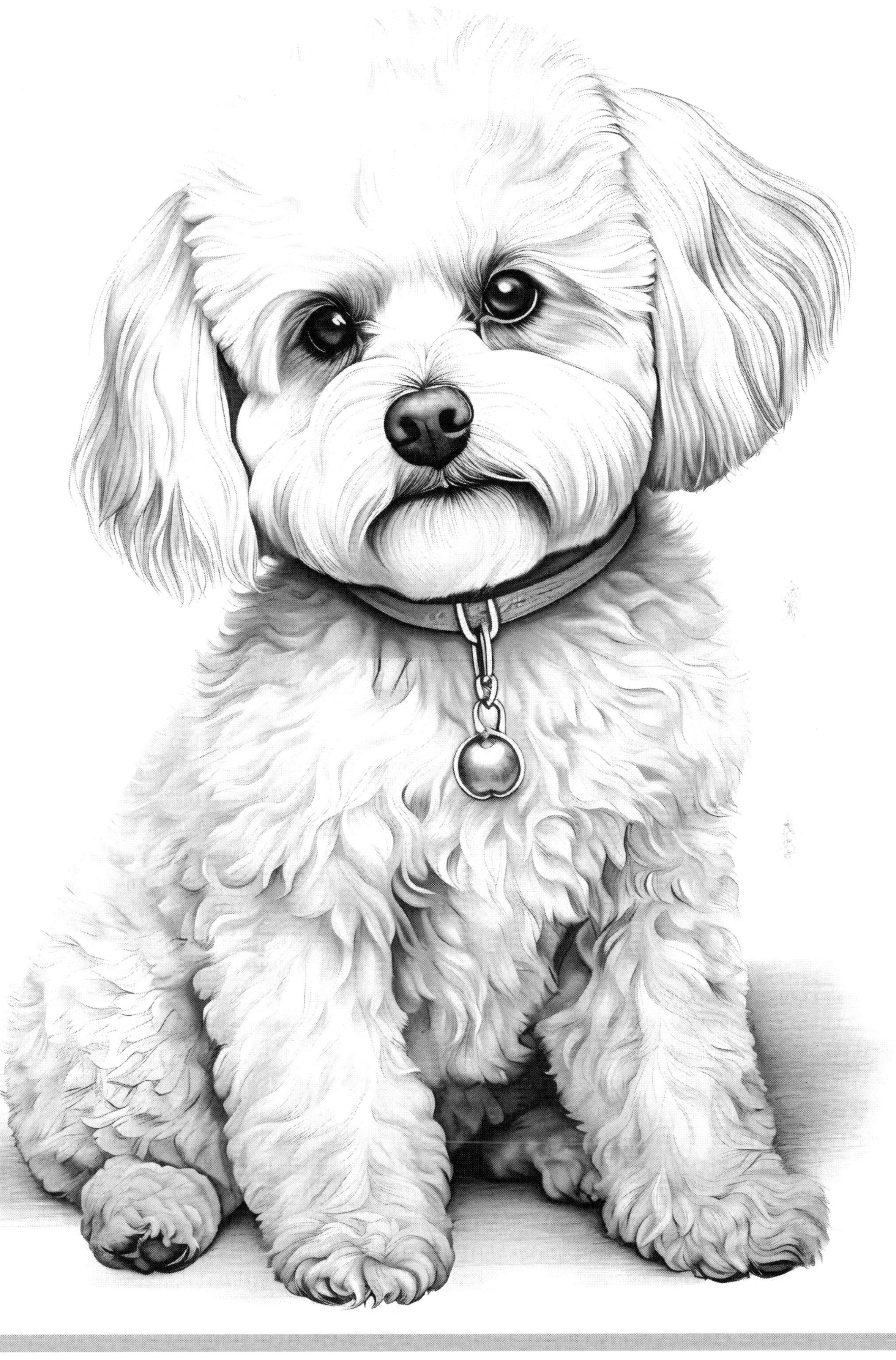

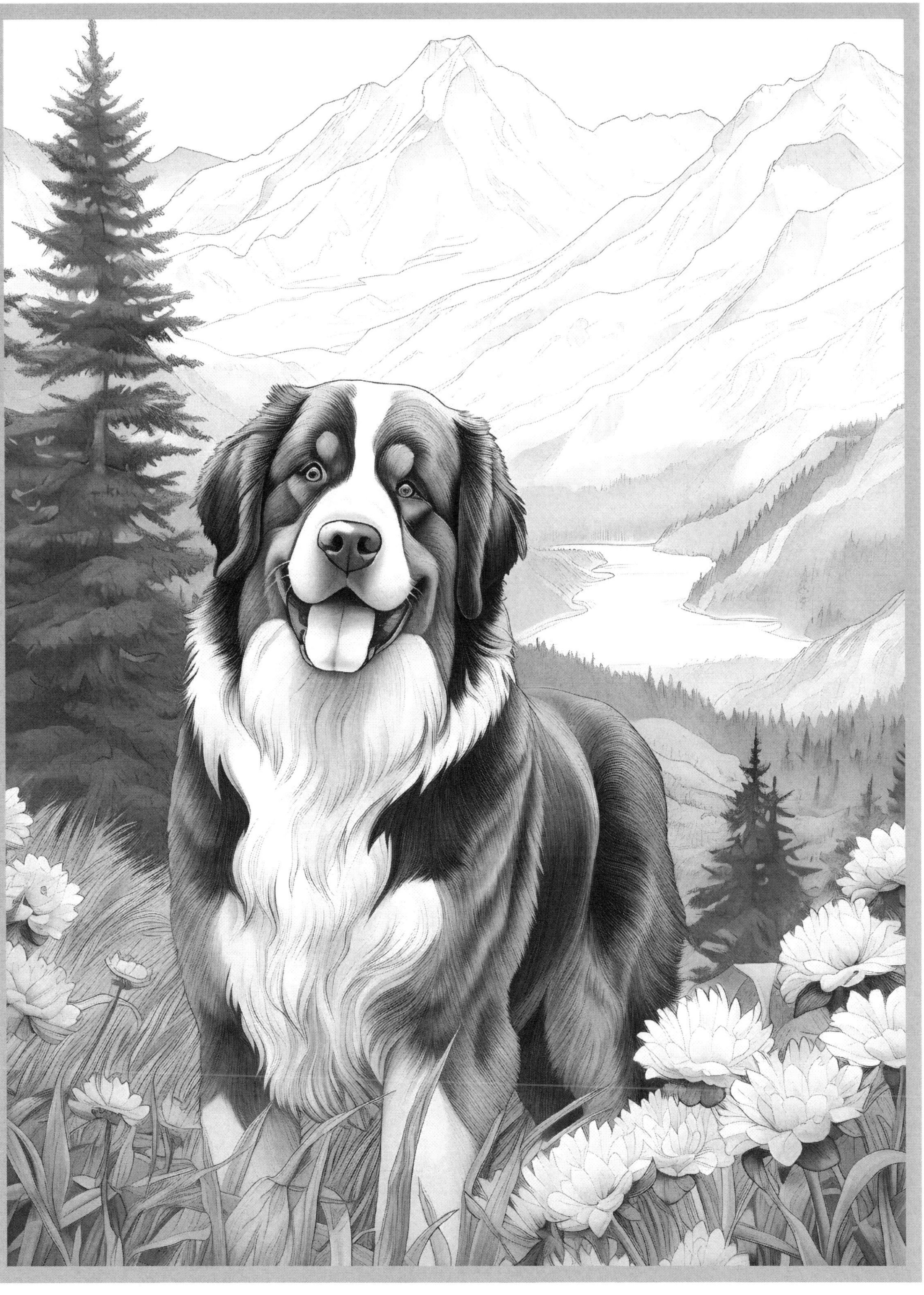

[redacted]

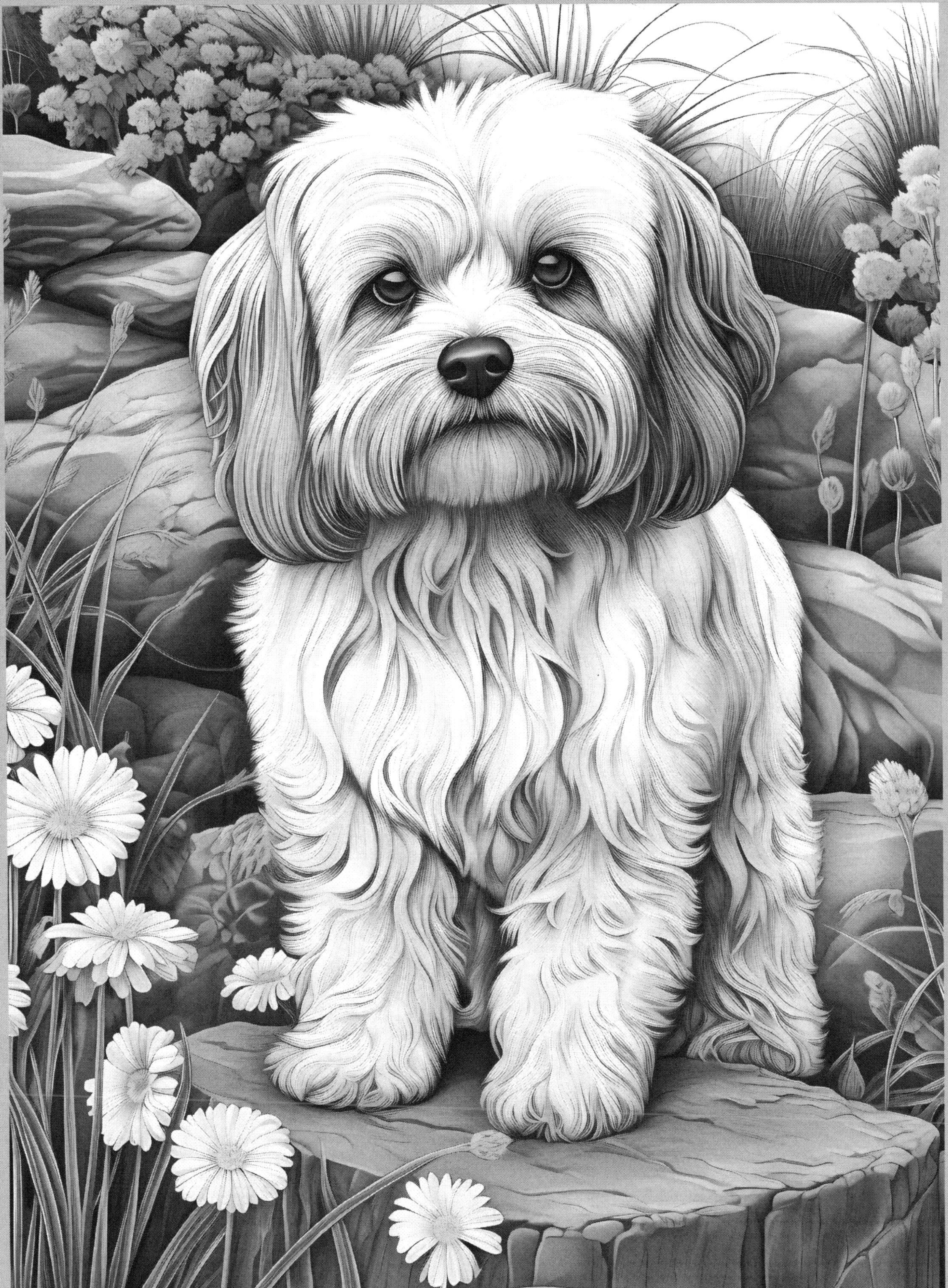

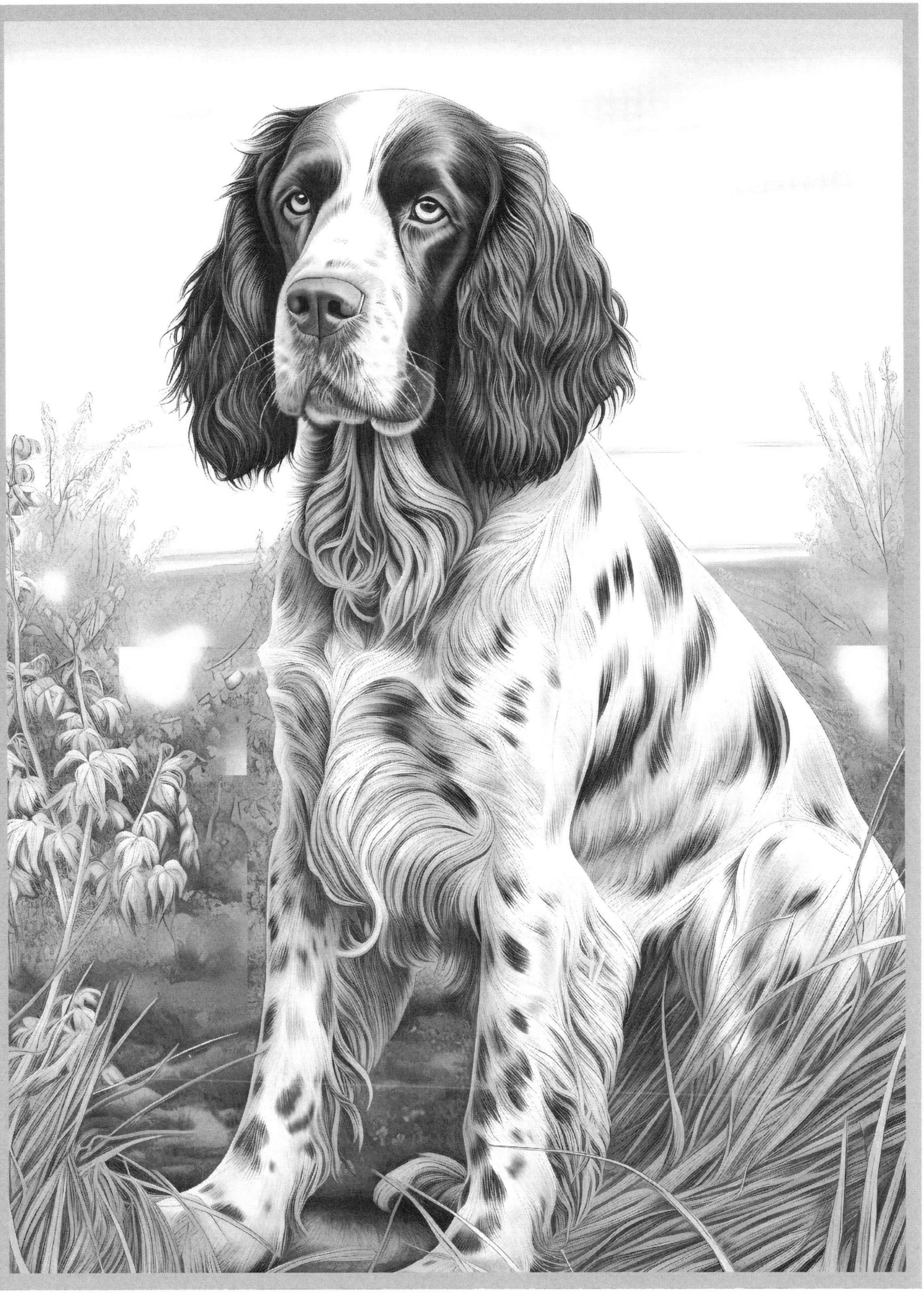

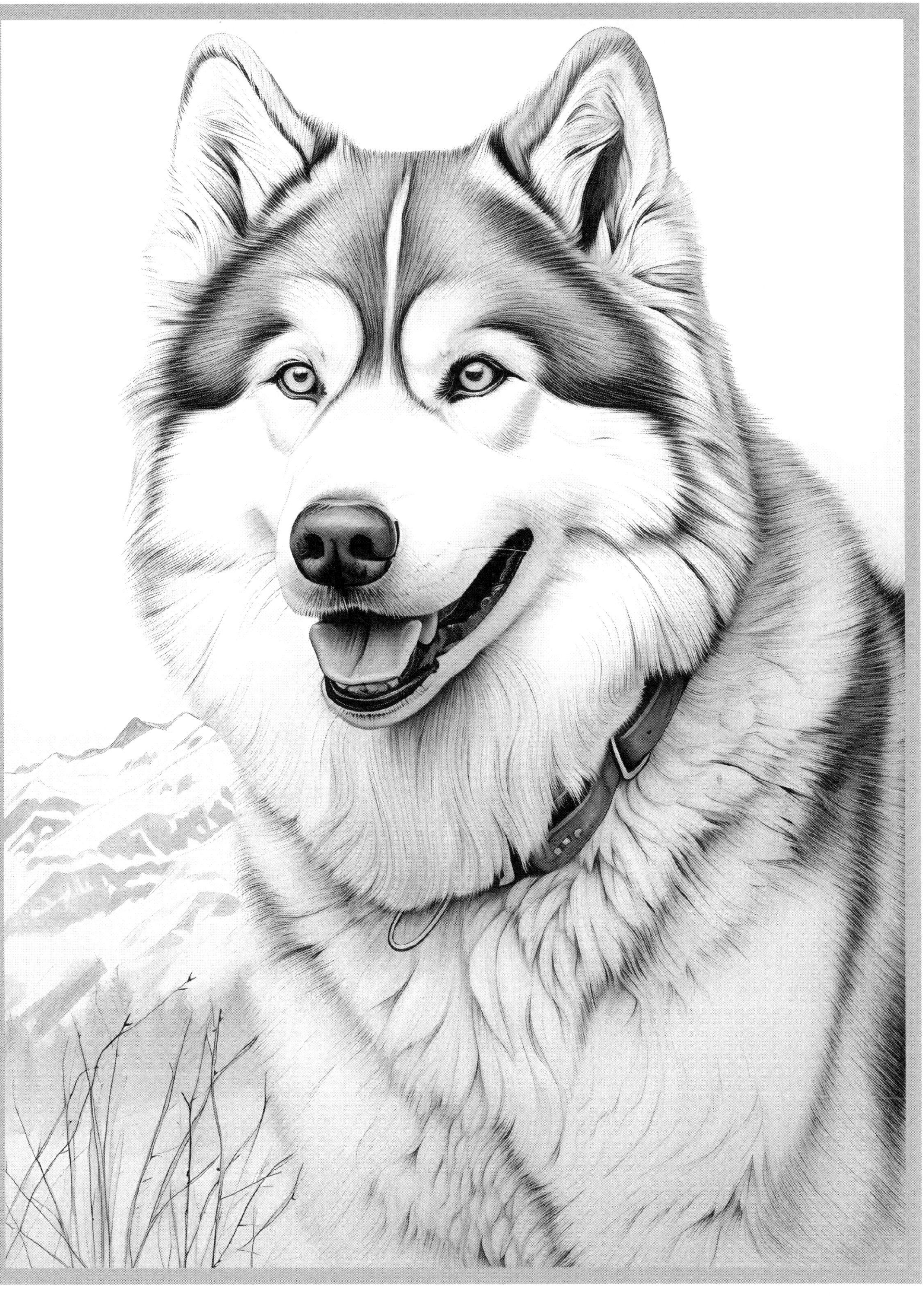

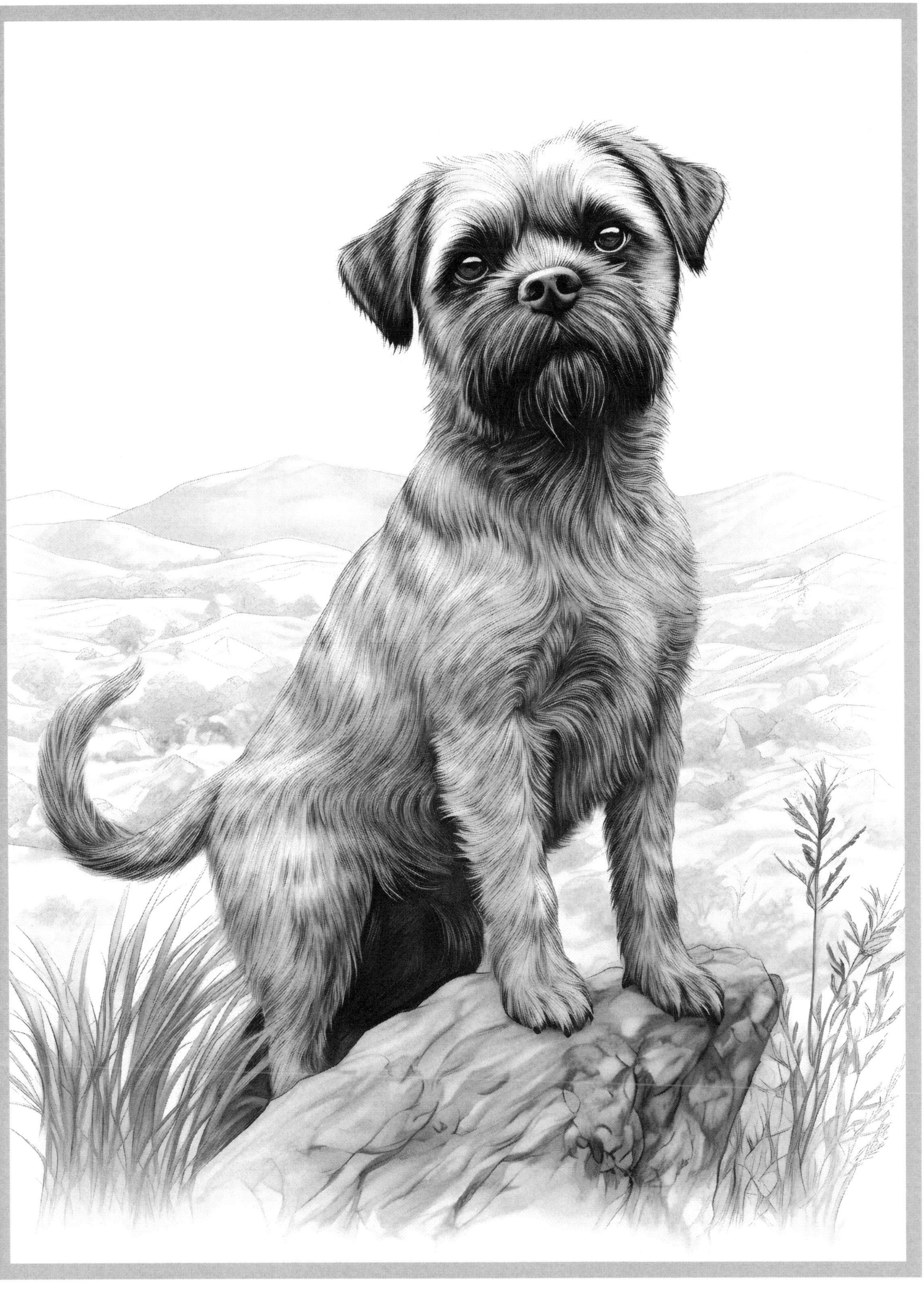

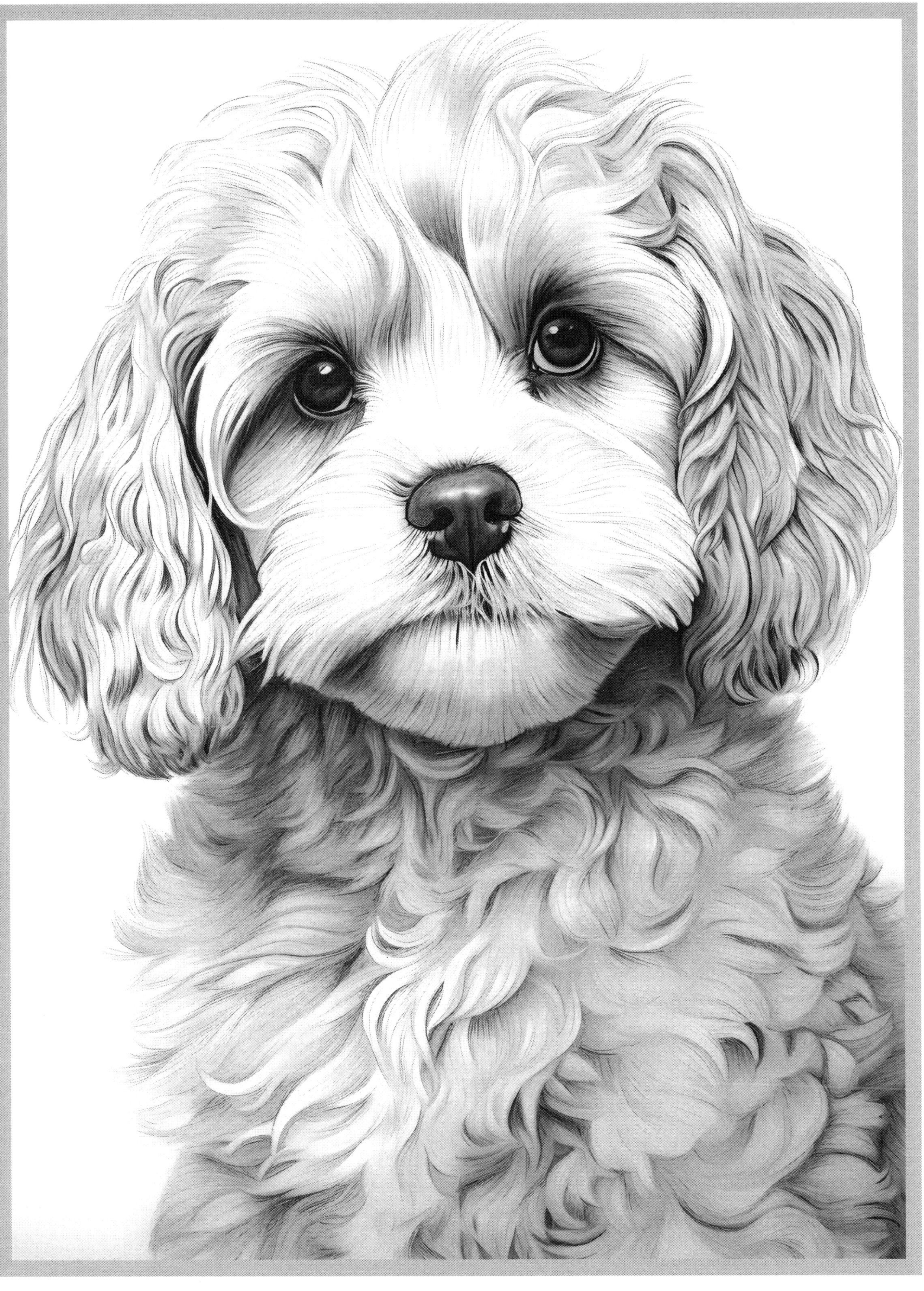

[redacted]

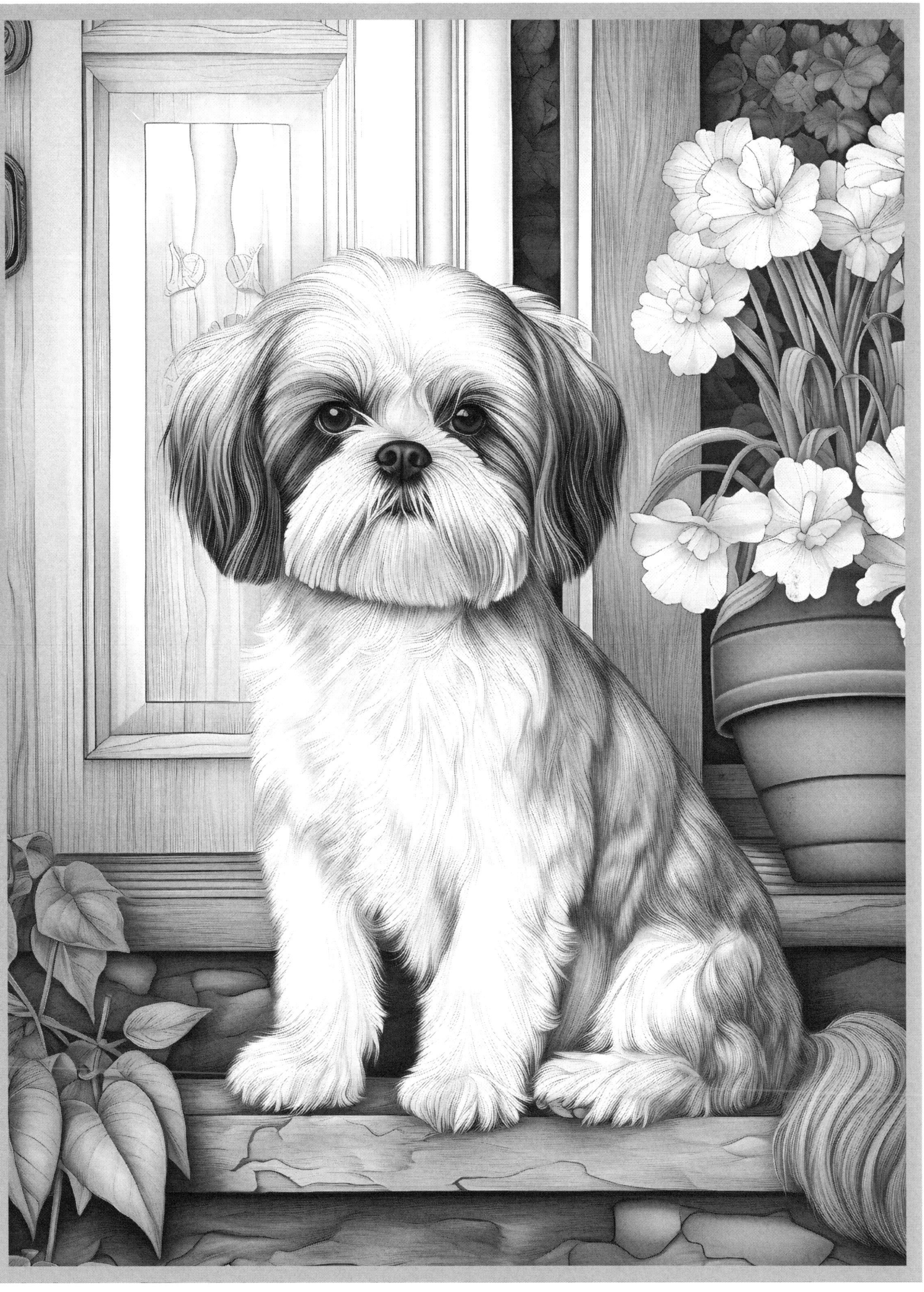

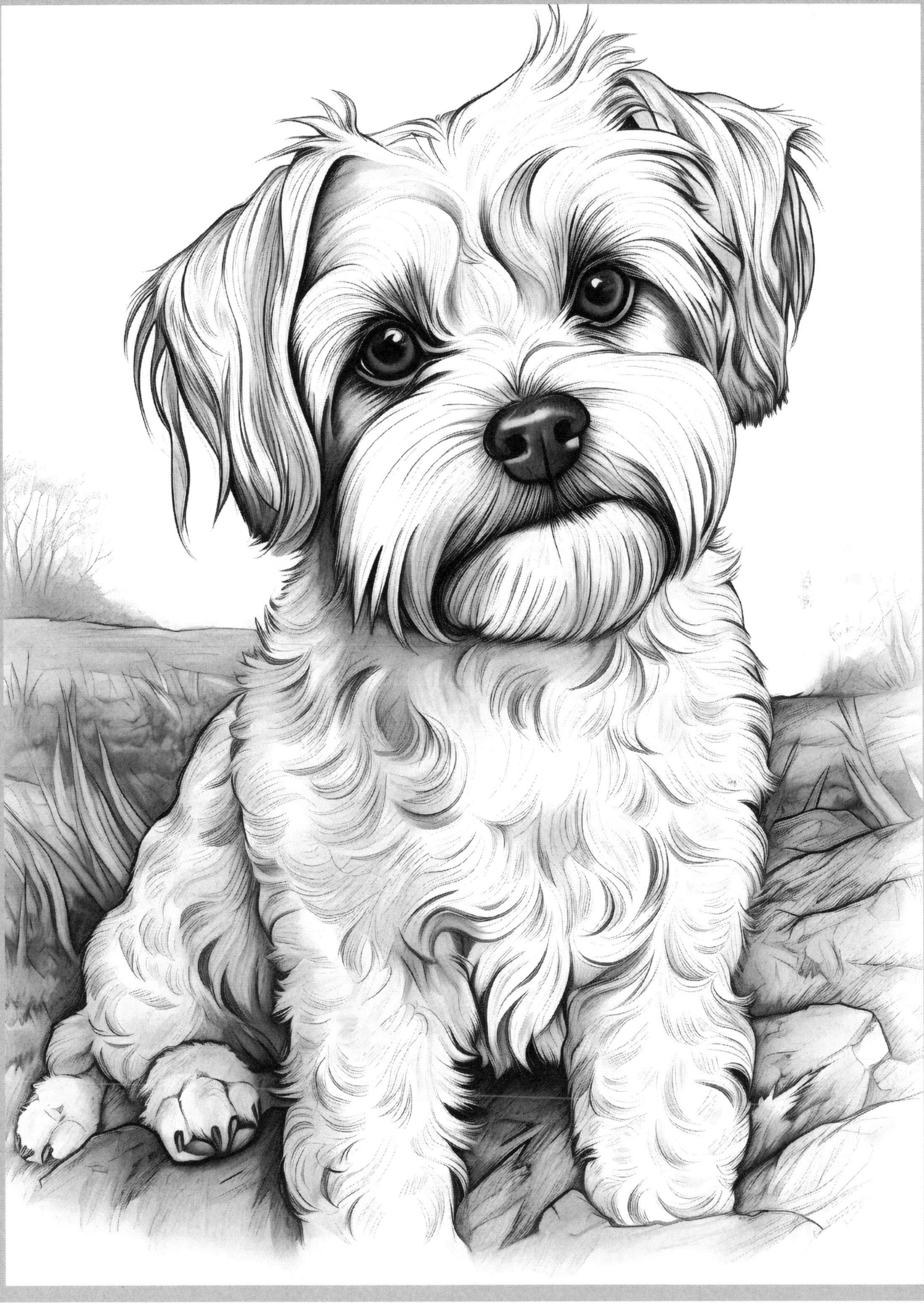

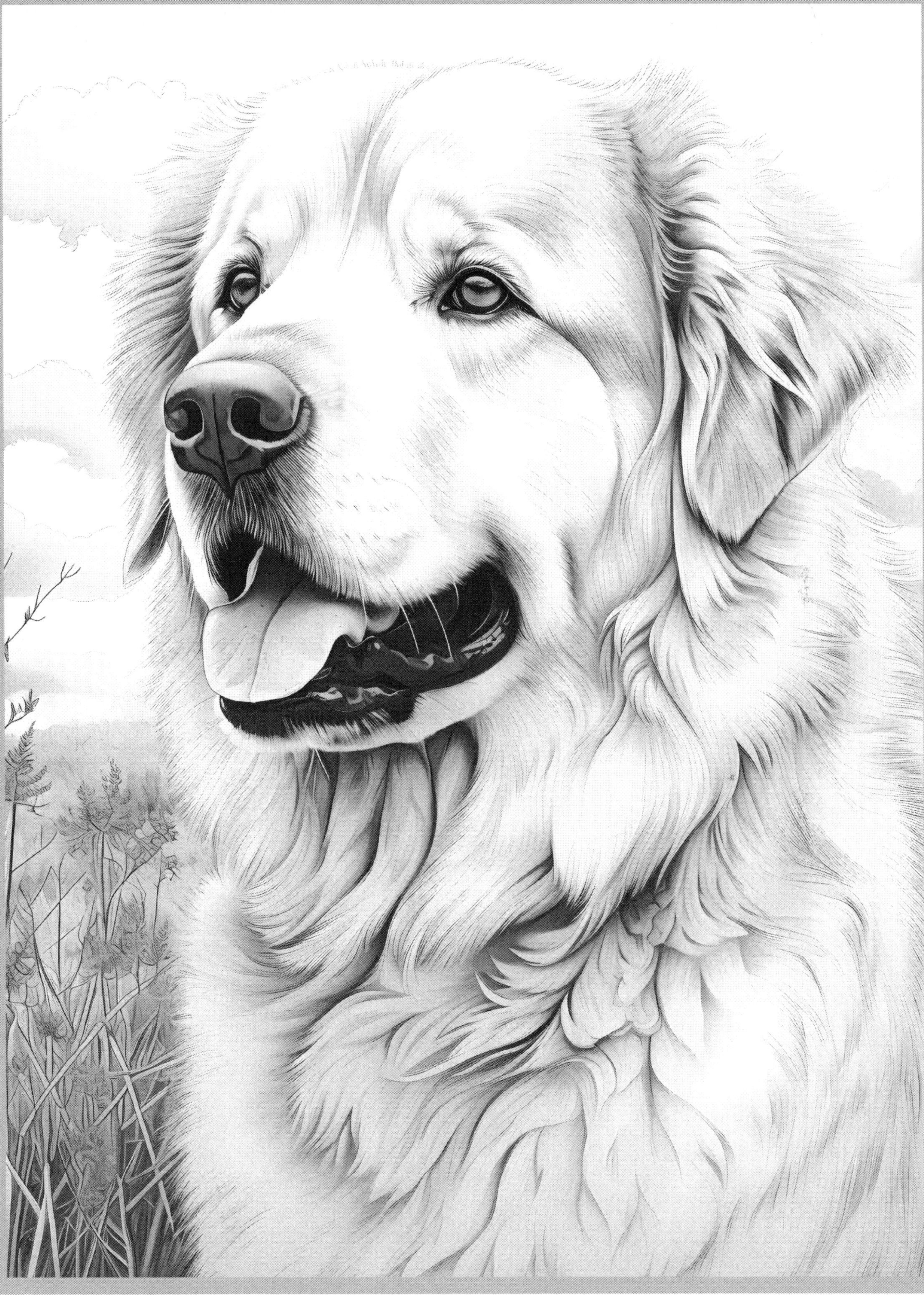

[redacted]

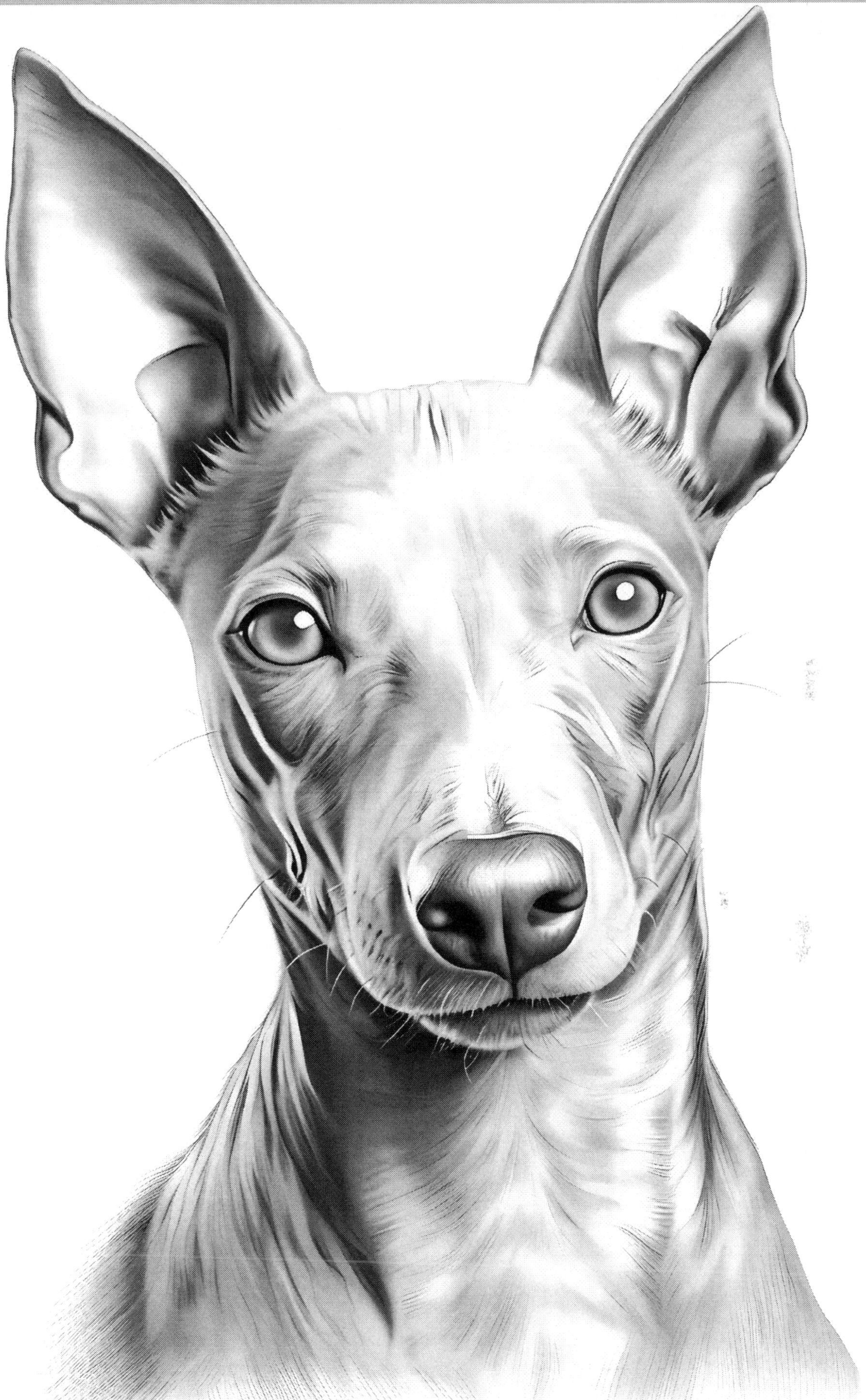

[redacted]

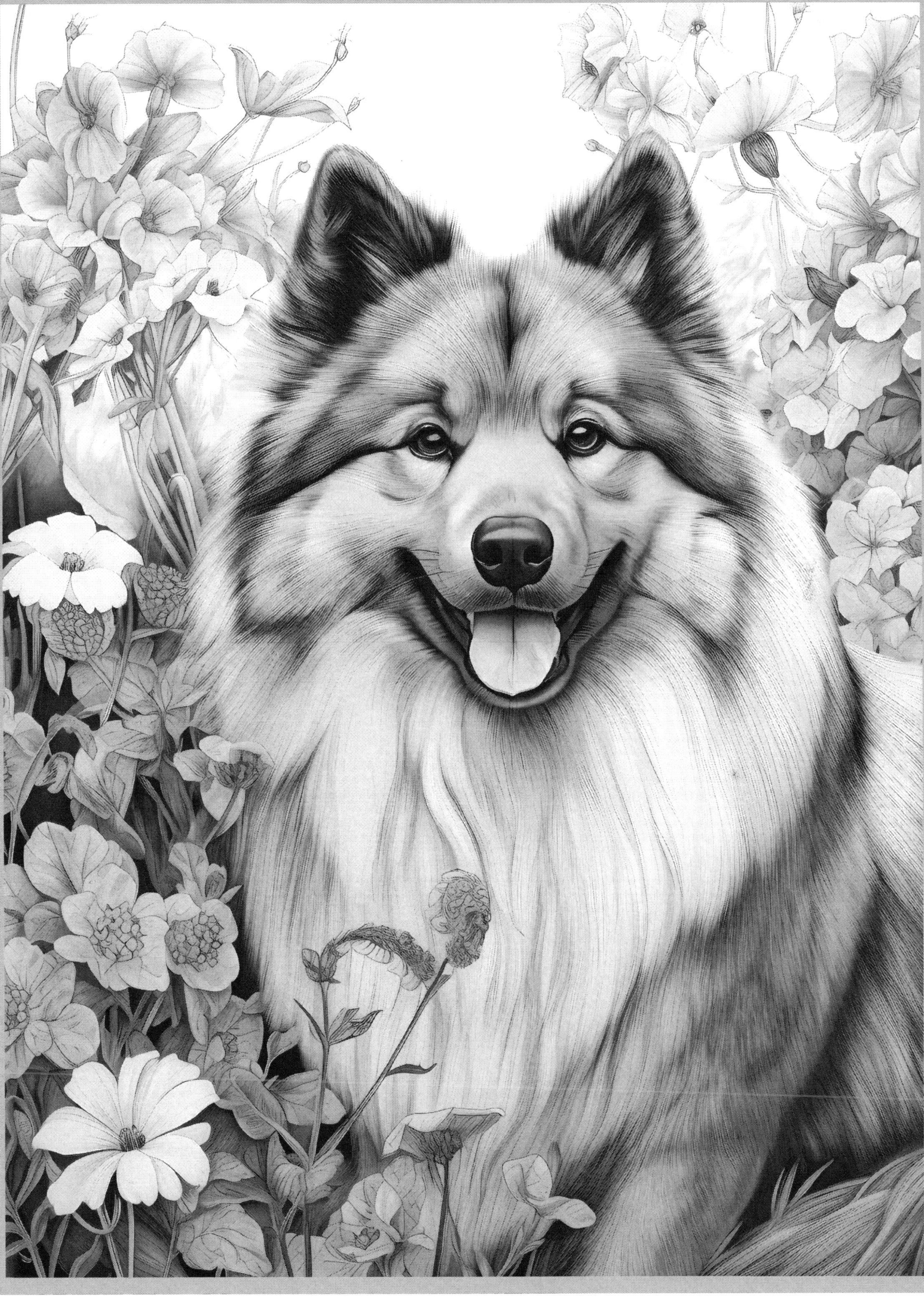

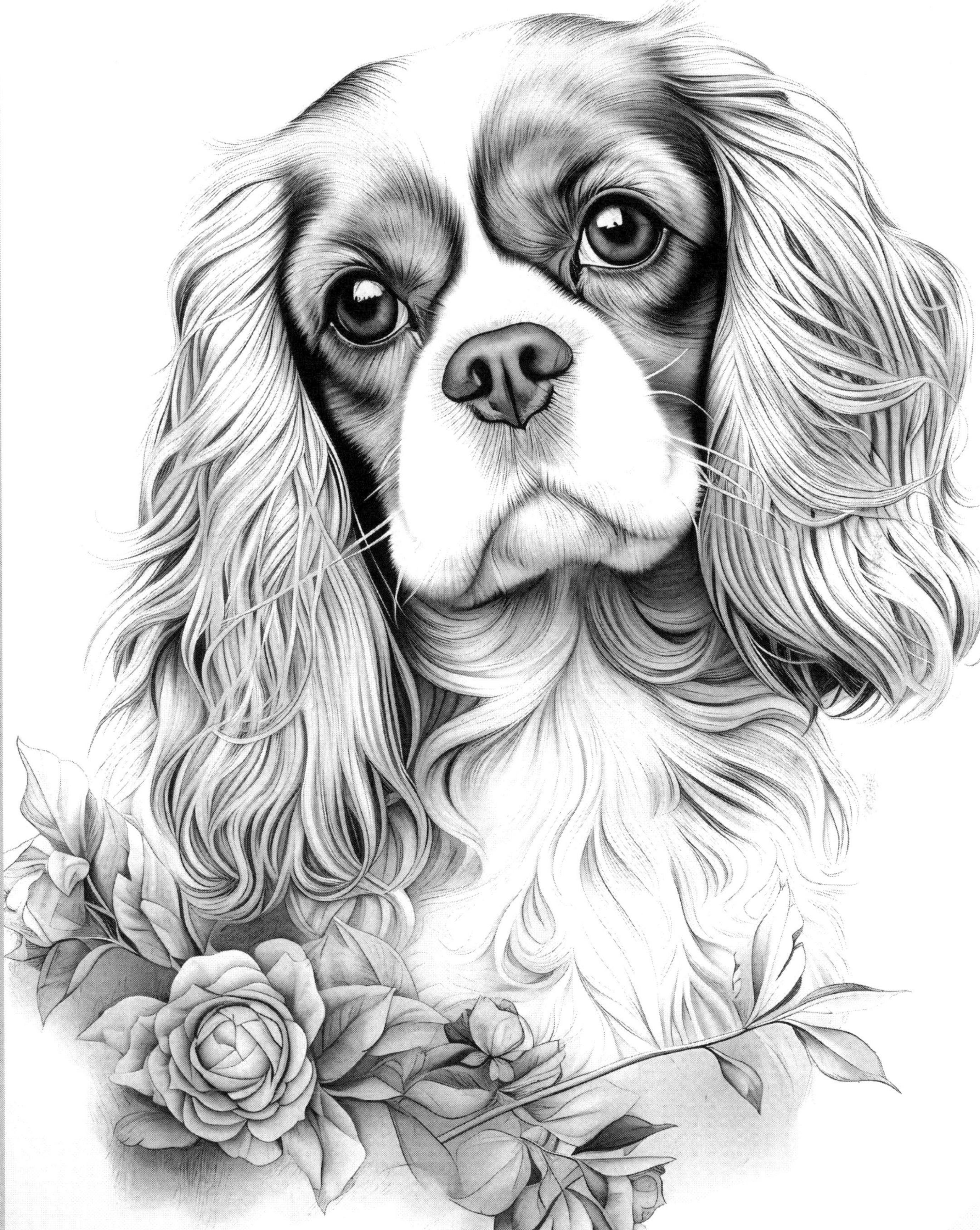

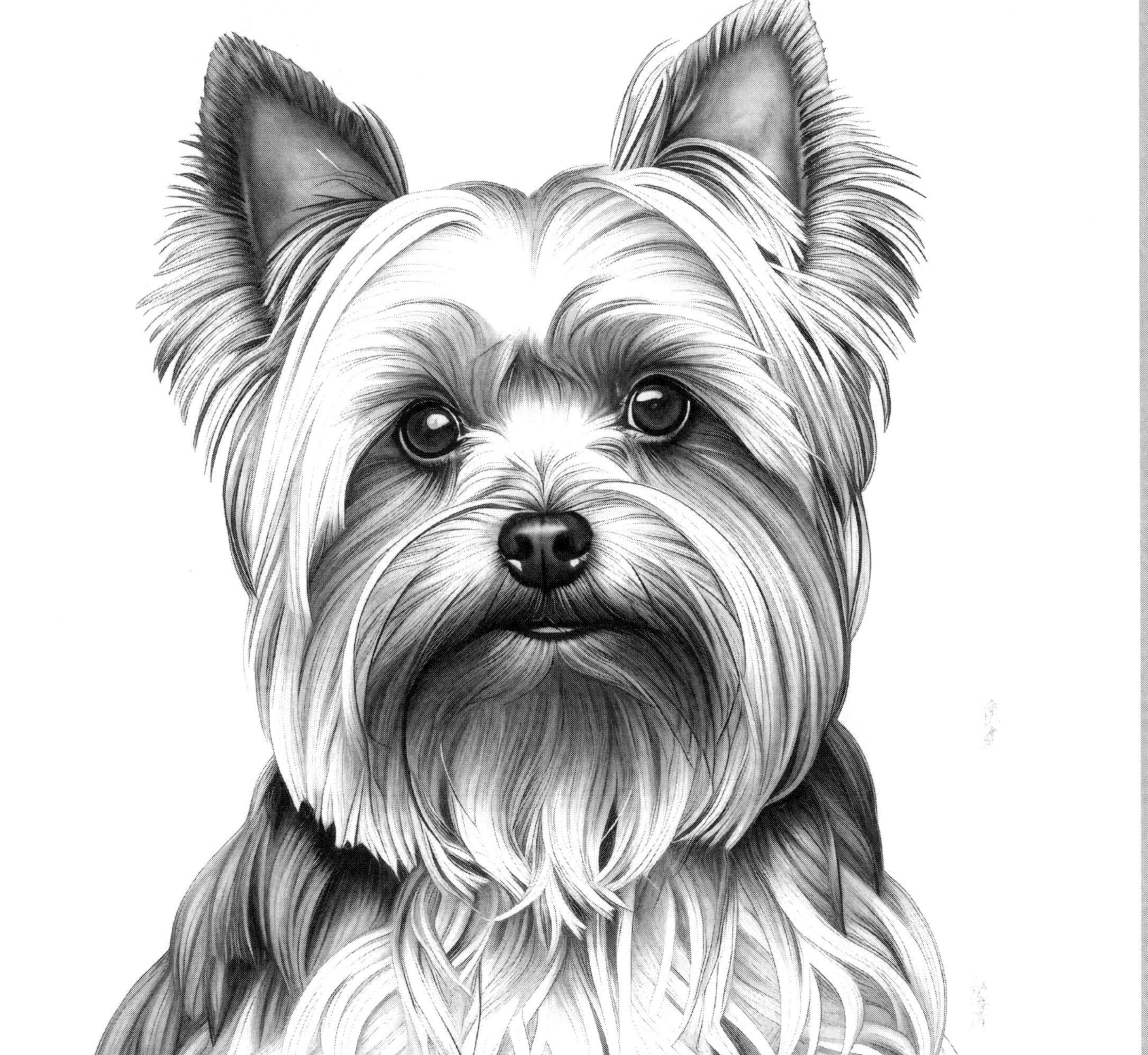

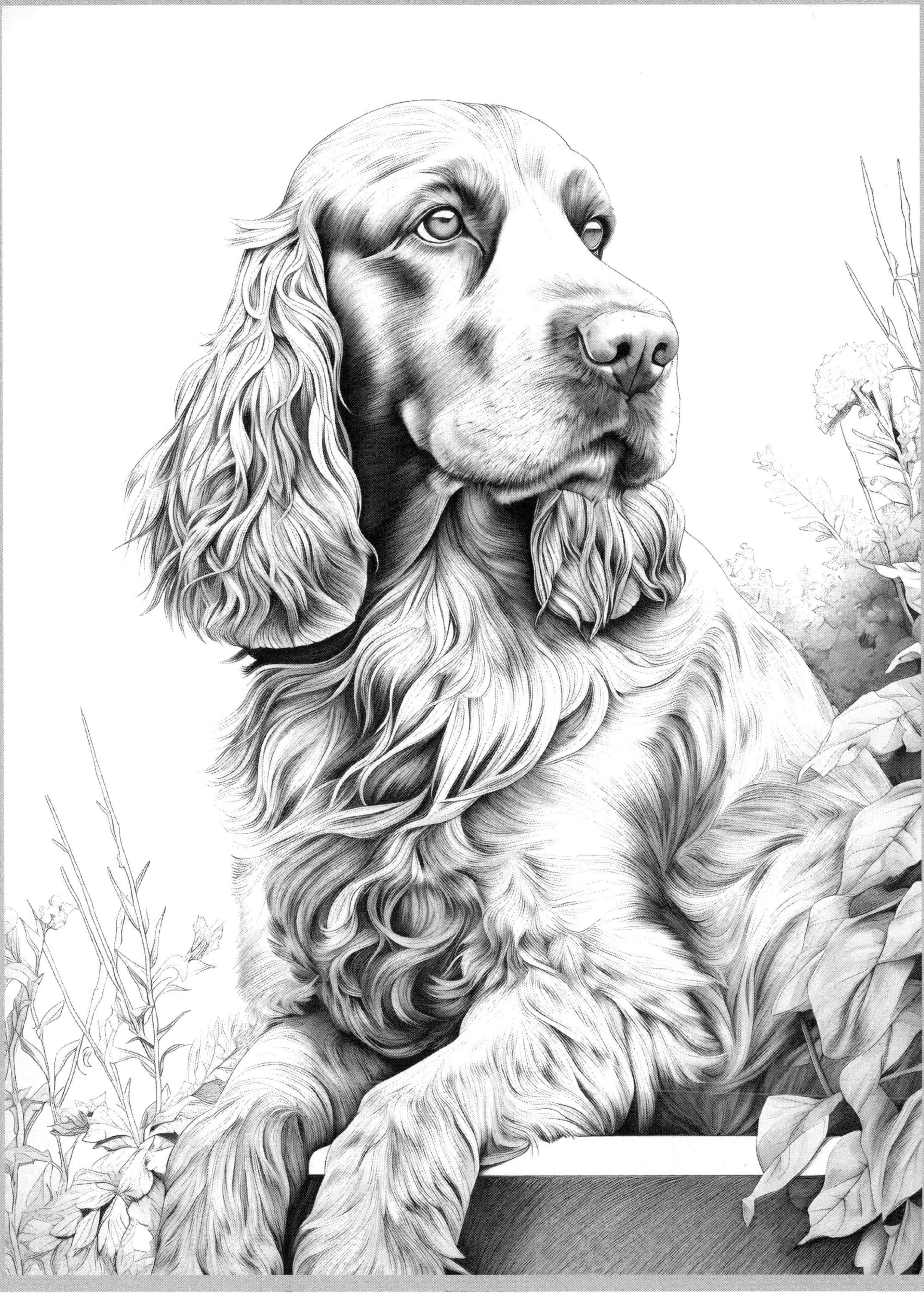

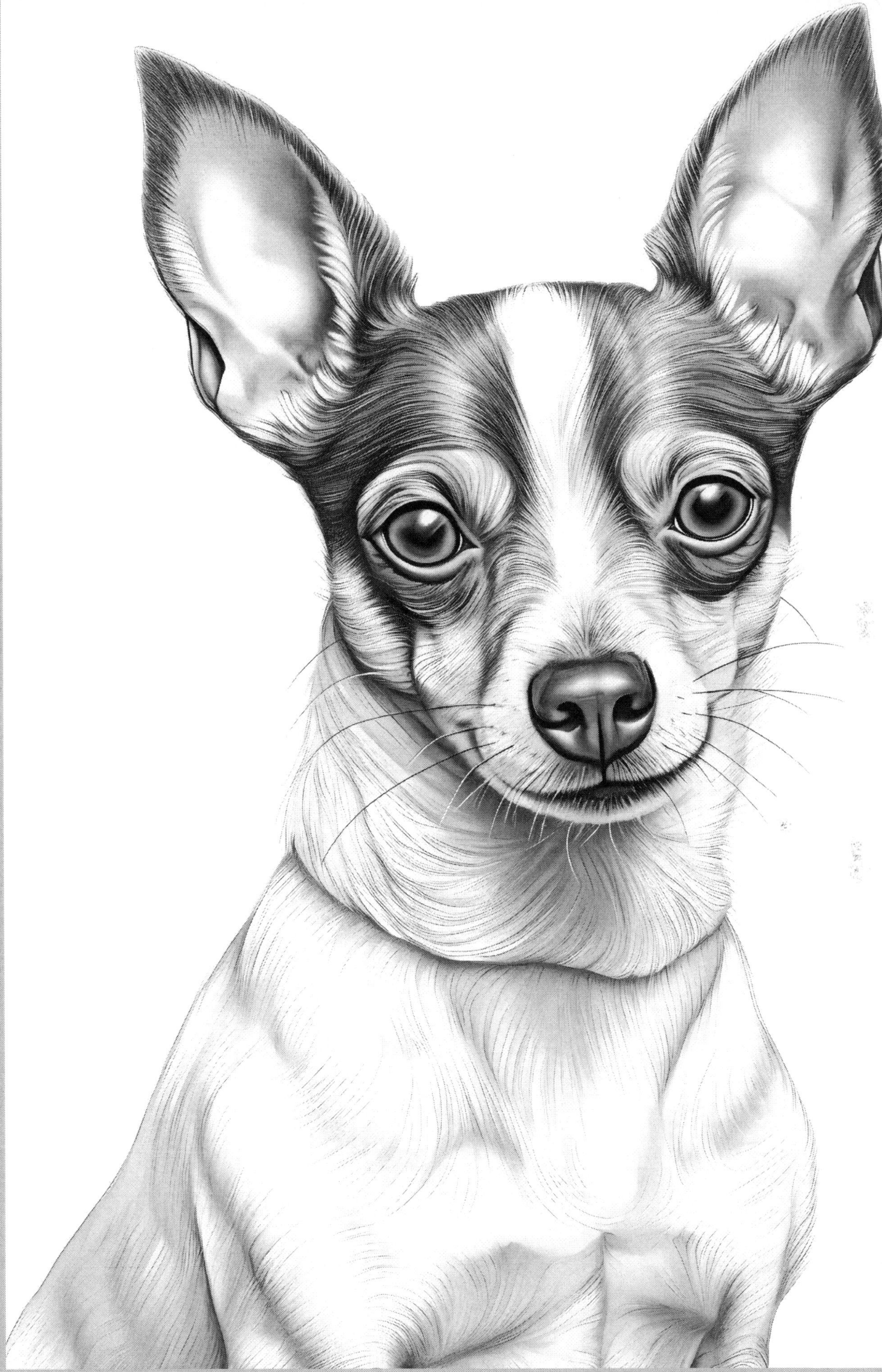

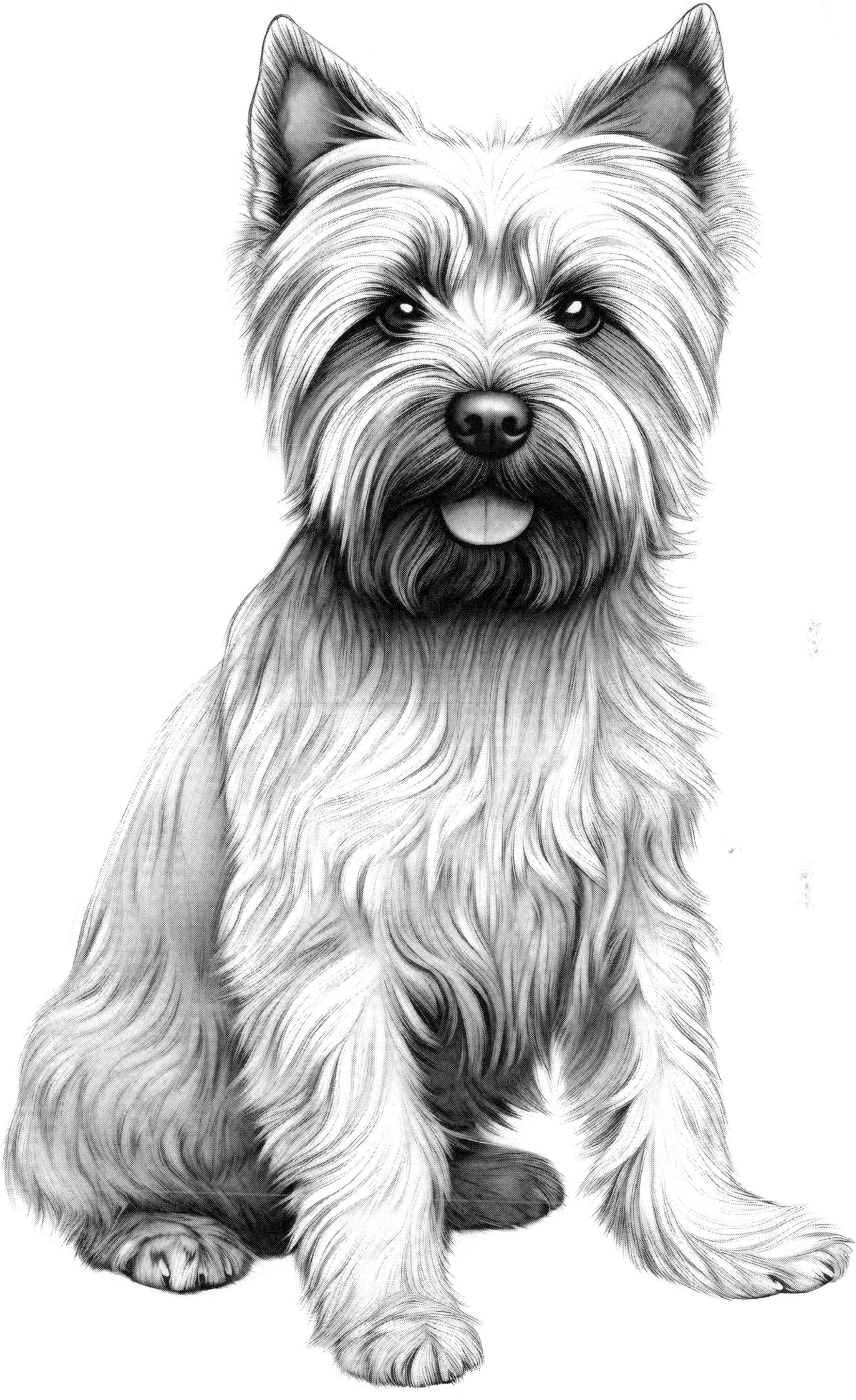

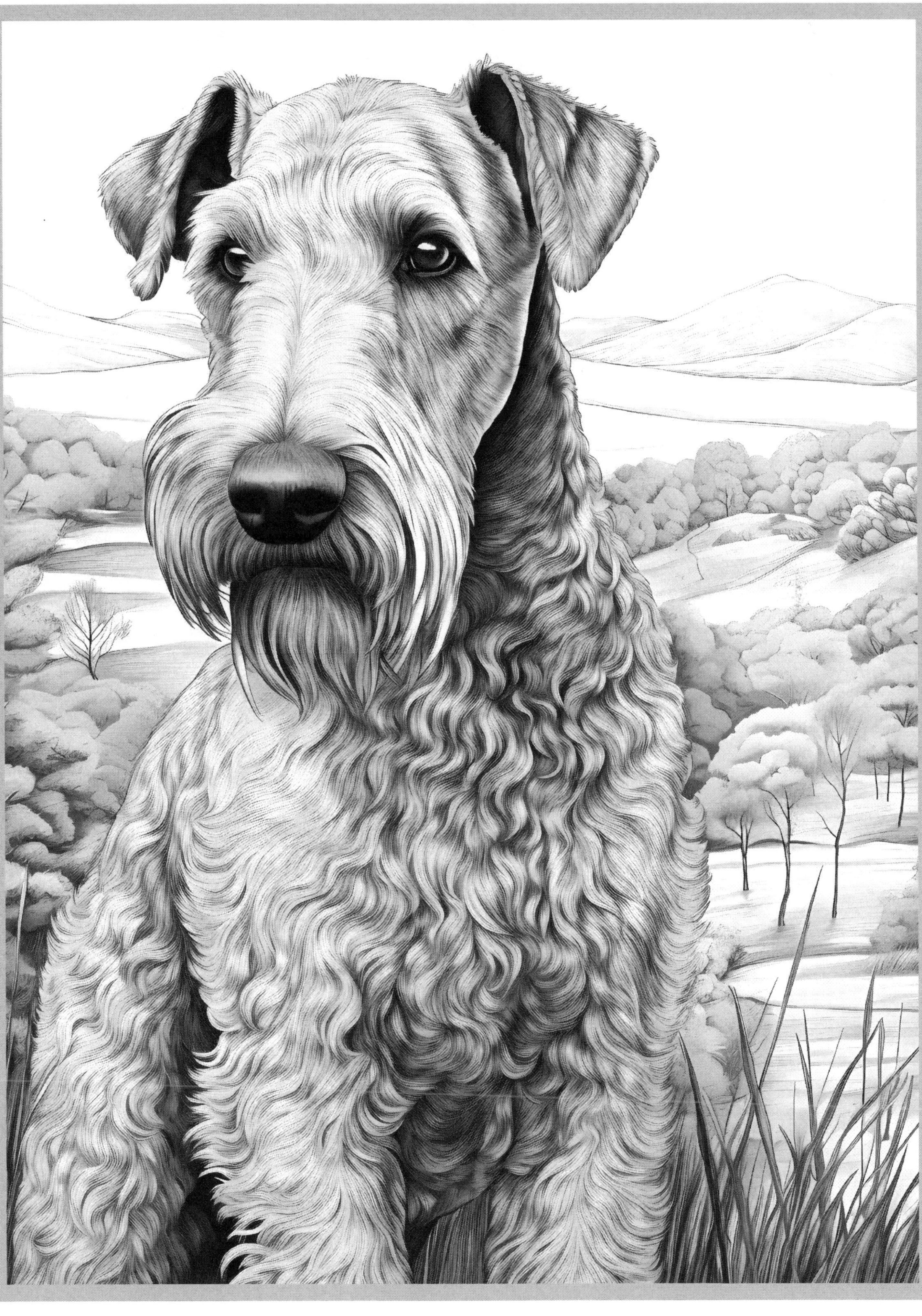

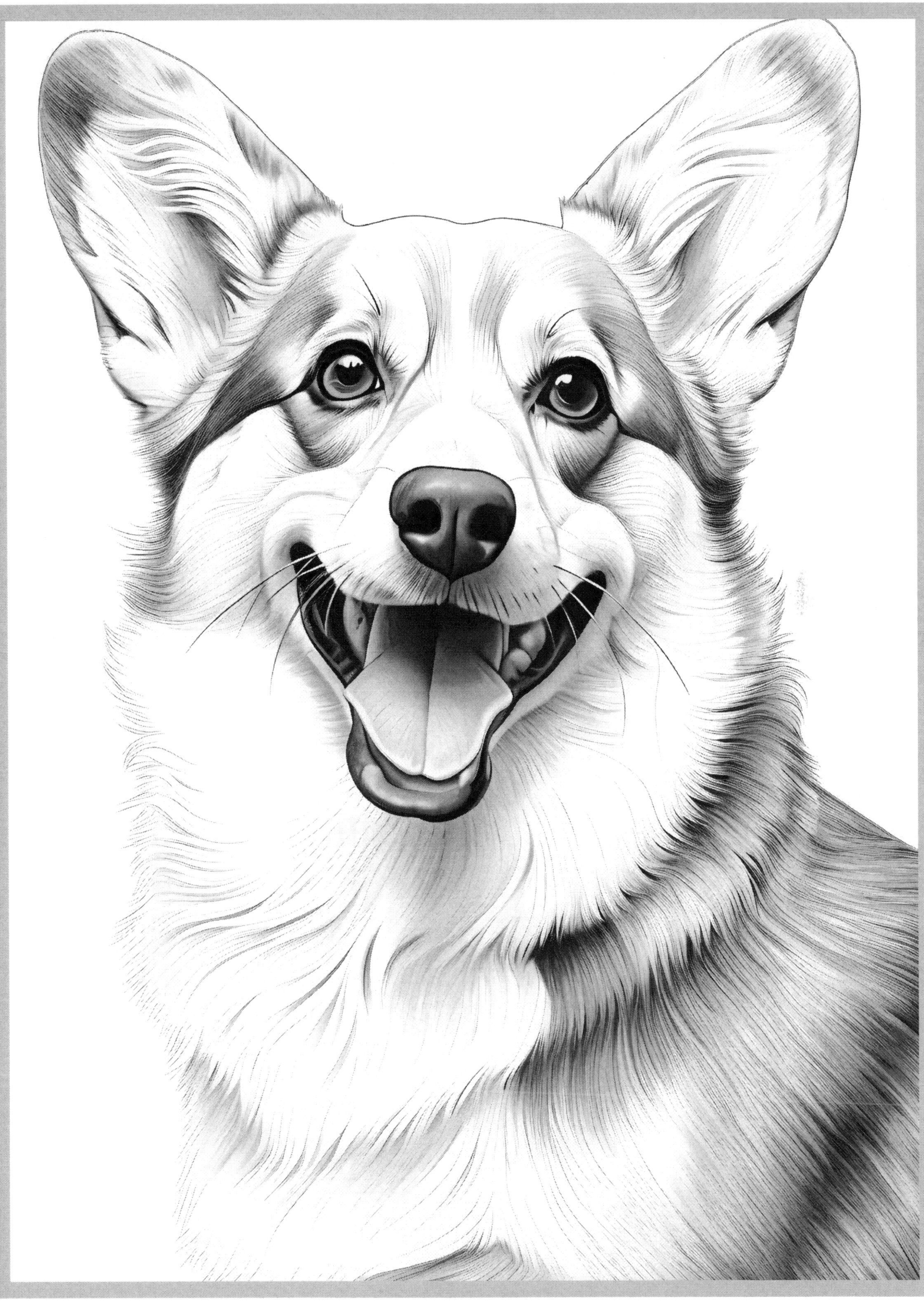

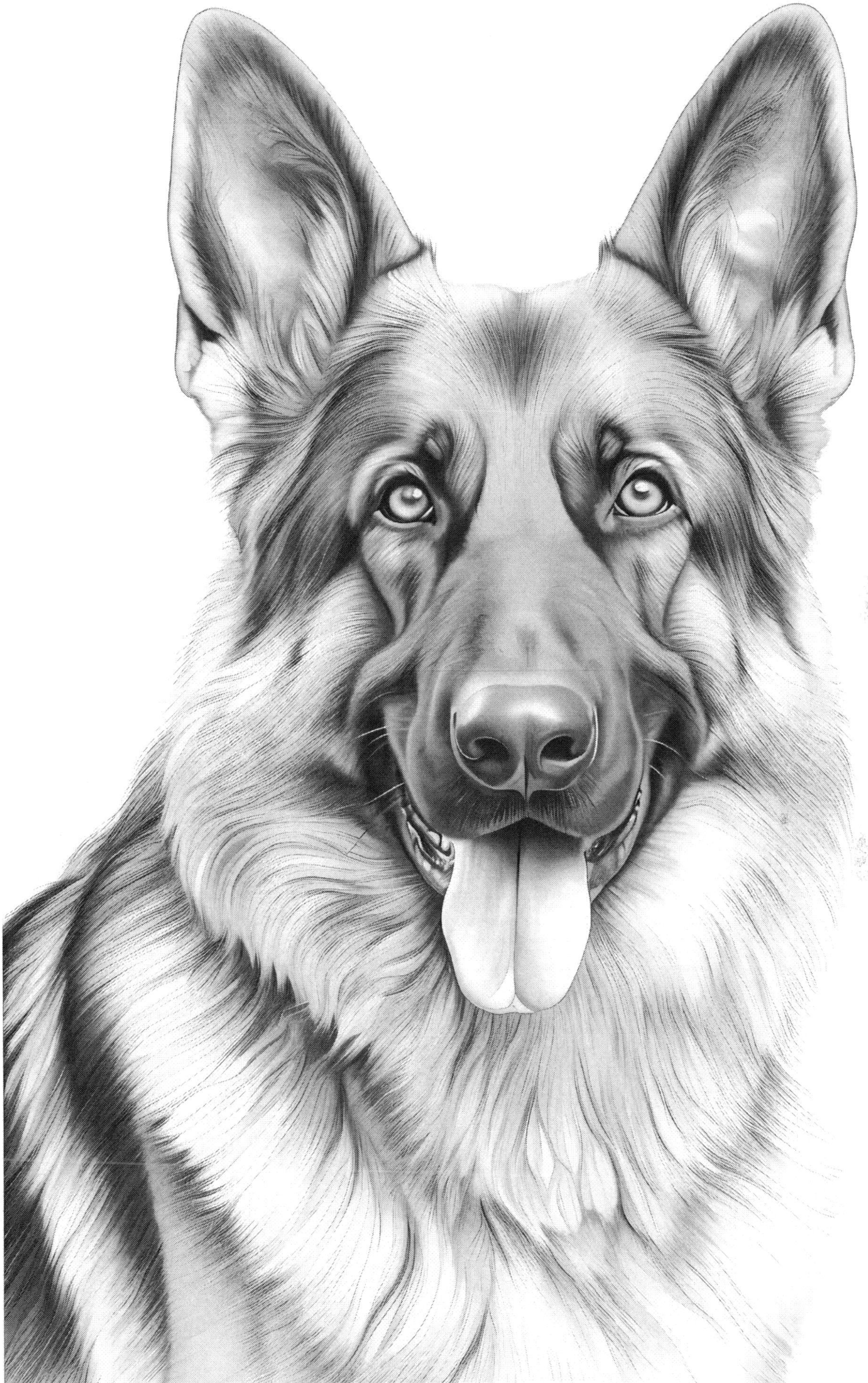

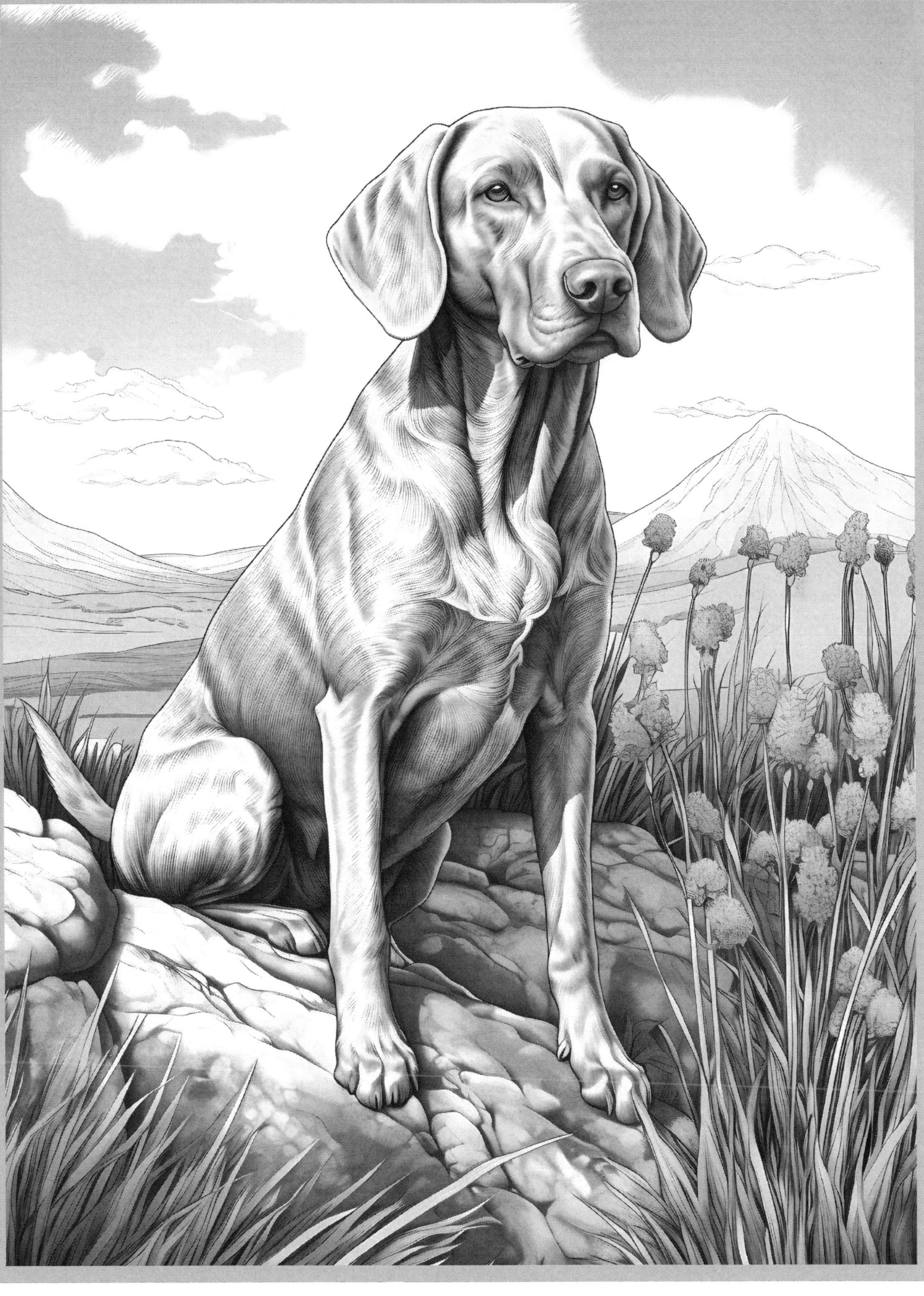

Printed in Great Britain
by Amazon

38577741R00057